热血长城：写给年轻人的解放军史

徐焰 著

中华书局

图书在版编目（CIP）数据

热血长城：写给年轻人的解放军史／徐焰著．——
北京：中华书局，2018.6（2025.10重印）
ISBN 978-7-101-13187-1

Ⅰ．热... Ⅱ．徐... Ⅲ．中国人民解放军军史－
青年读物 Ⅳ．E297-49

中国版本图书馆CIP数据核字(2018)第079270号

书　　名	热血长城：写给年轻人的解放军史
著　　者	徐　焰
责任编辑	傅　可
封面设计	刘　丽
责任印制	管　斌
出版发行	中华书局
	（北京市丰台区太平桥西里38号　100073）
	http://www.zhbc.com.cn
	E-mail:zhbc@zhbc.com.cn
印　　刷	天津裕同印刷有限公司
版　　次	2018年6月第1版
	2025年10月第7次印刷
规　　格	开本／710×1000毫米　1/16
	印张17½　插页6　字数120千字
印　　数	31001-33000册
国际书号	ISBN 978-7-101-13187-1
定　　价	52.00元

《南昌起义》 （油画） 罗田喜

《井冈山会师》（油画）何孔德

《走过岷山》(局部)　(油画)　孙立新

《平型关大捷》（油画） 孙浩

《占领天津警备司令部》(局部)　(油画)　陈坚

《上甘岭》（局部）（油画） 王铁牛

《铁壁》（油画） 游健

《二〇一五年九月三日》 （油画） 陈坚

目　录

前　言

向新一代人解读当年奋斗"初心"

"为有牺牲多壮志，敢叫日月换新天。"弹指一挥间，中国人民解放军的建立至今已有90年，我们古老的神州早已是沧海桑田，人间剧变。昔日"一穷二白"并任列强宰割的落后农业国，已经成为经济总量居世界第二的强国；当年"小米加步枪"为特点的部队已成为机械化、信息化水平雄踞国际前列的威武之师。真可谓：人间伏虎几十载，公祭喜泪告乃翁！不久前，中共中央总书记习近平同志向全党强调"不忘初心"。中国共产党和中国共产党所领导的人民军队的"初心"，就是使国家强盛，让人民摆脱贫困而过上幸福生活，并实现马克思主义所构画出的伟大理想。现在我们想让新一代读懂老一代人的"初心"，就需要展示鲜活的历史，包括有说服力又令人惊心动魄的军史战史。

历史将告诉新一代什么内容？

1927年8月1日，南昌城头的枪声宣告了中国历史上全新的一支人民军队的诞生。到如今90年飞逝的光阴，已经带走了在毛泽东同志领导下创建人民军队的那一代英豪，对于在工业化、信息化和网络环境中成长起来的一代代新人来说，前辈们进行的波澜壮阔的革命战争已非常遥远。不过往事并不如烟，现在我们这支有光荣传统的军队，又担负着新使命，并在以习近平同志为核心的中共中央领导下进行着前所未有的军事改革。

人类的子体都诞生于母体，今天的军队都是以往军队的延续和发展，战史恰恰就是母体哺育子体的脐带和乳汁。作为现在人民解放军的母体中国工农红军、八路军、新四军乃至中国人民志愿军，其战争历史之辉煌，作战时间之漫长，斗争经验之丰富，都是世界上少有的。

武警画家罗田喜油画《南昌起义》。

中国共产党领导的人民军队，以"红旗卷起农奴戟"起家，不仅打败了国内数量庞大的反动军队，而且同世界强国日本、美国、英国、法国以及其他十几个国家的军队都交过手，并让对手为之胆寒。中华人民共和国刚成立时是一个穷国，可是共产党领导的军队却是一支强军！

改革开放后，外来的如潮水般的各种思潮进入国内，国内民众和思维出现多元化，人们的传统理念也受到冲击。开放自然也是双向的，中国也有许多人走向海外，用新的视角来看待外国，包括他们的军队。我也曾走进中国军队当年的对手——美国和日本的军事院校和战史研究机构，进一步

作者徐焰（右）在美国国防大学战争学院的讲台上（1992

丰富了思维。

20世纪90年代初,我在日本同一些当年的"帝国军官"和"鬼子兵"——我父亲过去在战场上的对手,长谈过那场战争,他们都说八路军因武器简陋总是打游击,却敬佩其顽强和持久作战的精神。

1992年我在美国的国防大学和斯坦福大学时,所接触到的对方军人都表现出对中国军人的尊重,主要原因就是对几十年前朝鲜战争的感受。曾担任过美国国防部长、长期任斯坦福大学国际安全和军备控制中心主任的佩里,曾专门请我在讲座中解说一下中国军队是如何用那么差的武器同美军较量的。在他们看来,当年在朝鲜能打成那样的结局真是不可思议。作为一个受邀访美的中国军官,我那时特别为父辈们的战绩而感到骄傲!

诚然,中国的革命和建设事业走过不少弯路,有过一些失误,今天社会上乃至军队中也存在着一些不良风气,需要努力整顿。不过,人们仍然坚信我们军队老一辈们当年的选择是正确的,越是深入研究历史就越坚信这一点。

军旅画家李明峰油画《铁血冲撞 1950年冬·朝鲜》,表现了志愿军英勇作战击败美军的情形。

许宝中、李泽浩等人所绘的这幅油画，表现了毛泽东唤起工农组织暴动的场面。

　　若没有推翻那个如今少数网络上的"国粉""蒋粉"还为之辩护的极其黑暗、腐朽的旧政权，若是不用武装斗争打出一个新政权，若是不独立自主而走西方希望的道路，中国就算没有被分割也只能是洋大人的附庸，哪里会有如今这种世界公认的强国地位？看一下当年的蒋介石政权，虽然熬到抗战胜利，却只取得战胜国之名，本国的领土主权仍在雅尔塔会议上受其他战胜国瓜分。究其原因，不就是因为当时的国民党政权腐败无能，不能自立自强，甘心依附于美国吗？这一恶劣习气，一直传承至如今的台湾当局身上。准备打击投靠外国而制造"台独"的分裂势力，仍然是我们军队多少年来一直要担负的神圣使命。

　　唯物主义的一个基本原理，就是物质决定意识。人们的思想包括一支军队的精神面貌，都是由其存在的环境所决定的。马克思通过研究社会发展史，曾精辟地指出："人们奋斗的一切，都与他们的利益相关。"（《马克思恩格斯全集》第1卷，第187页）第一代中国共产党人"土洋结合"最杰出的成果，就是把产生于西方近代工业基础之上的马克思主义与中国的实际相结合，探索出一条马克思主义经典著作中找不到的独特道路，那就是发动农民进行土地革命——建立根据地和军队——最后以农村包围城市夺取政权。在开拓这一充满"中国特色"的革命道路的历程中，出身湖南山乡的农家子毛泽东就是理论和实践相结合最光辉的代表和最杰出的领袖。

今天的人们要读懂前辈的奋斗史，就必须了解那一代人所处的历史环境。一些不了解当年的阶级矛盾，只生长在"世界充满爱"歌声中的年轻人，往往不能理解这些问题——当年的共产党人为什么要打仗？为什么要建立军队？那些参军参战者为什么会舍生忘死？现在一些散布历史虚无主义谬论并想否定中国革命历史的人，恰恰是抓住新一代人不大了解旧中国历史的弱点，大放否定革命历史的厥词。在历史问题上要正本清源，就必须说明旧中国苦难黑暗的社会情况逼迫劳苦大众只能跟共产党走，只有武装推翻帝国主义和腐朽的国民党政权才有出路。

以革命唤起民众，建军强调"中国特色"

今天的人们再前往90年前南昌起义爆发的旧地，这个当年破旧的内陆城市已是高楼大厦林立，昔日周恩来等中共负责人领导南昌起义的指挥部、赣省最大的饭店——江西大旅社都已经成了高楼中的低谷。如今开着私家车飞速奔向一个富裕、和谐社会的人可能只是偶尔在歌曲中听过——"帝国主义侵略压迫，造成了我们的贫穷；官僚买办剥削，造成我们苦难深重……"在20世纪前期的动荡岁月中，以上歌词却是有目共睹的社会普遍图景。那时，城市工人靠卖苦力还难得温饱，市政府的一项重要事务是每天清除马路边倒卧着的因饥寒而亡的尸体。在人口占全国总数90%的农村，广大贫苦农民要将大半收入交给地主豪绅和官府，终年啼饥号寒。据那时国外来访者估算，发生在1929年的大旱灾和1931年的大洪灾，造成的农村死亡人数都在千万以上！

不平则鸣！看到如此的社会景象，使当年有血性、有志向的中华儿女不可能无动于衷。有正义良知的人只要读一点"共产主义ABC"，再到城乡目睹社会现状，得出的结论便会是"如今世道真不公"，就会想到要"造反"、要"共产"，包括不少出身富家的年轻读书人也是在这种环境中选择了共产党。了解到这些，人们也就明白为什么共产党要奉行毛泽东同志所说的"枪杆子里面出政权"的原则，要以武力推翻反动政府。同时，人们也就能懂得为什么那些农民运动的领导者振臂一呼，发出"打土豪，分田地"的口号，马上就会应者云集，就会出现"霹雳一声暴动"的宏大场面。

沈尧伊油画《八七会议》，毛泽东在这次会议上提出了"枪杆子里面出政权"。画中右三为会议中负责记录的邓小平。

共产党人的"初心"即奋斗纲领，包括最高纲领和最低纲领。最高纲领自然是实现人类大同，消灭阶级和压迫，建立物质极大丰富的公正社会，不过这需要几代人的努力。当年能唤起群众的口号主要体现的是最低纲领，就是解决占中国人口大多数的广大贫苦农民最急需的问题——土地分配，这也是孙中山提出的而代表豪绅利益的国民党政权从来不曾解决的"平均地权"。红军高唱的《工农革命

莫朴油画《斗地主》，表现了农民通过斗争获得土地的场面。

军旅画家孙浩油画《平型关大捷》，表现了八路军同日军英勇拼杀的场面。

歌》，里面的歌词就是"实现共产制，大家有田耕"。抗日战争时广大贫苦农民参加八路军、新四军，原因也是共产党建立的敌后抗日政权实行"减租减息"这种变相的土改。解放战争时几百万翻身农民参军，又有成千万农民推小车、挑扁担在后面支援，为的就是"斗倒地主，保家保田"。

毛泽东军事思想的核心是人民战争，就是让群众认清自己的利益所在并为之奋斗，从而形成了军民合作并陷敌于灭顶之灾的汪洋大海。当年入侵中国的日本侵略军，能够击溃国民党百万大军而占领半个中国，共产党领导的八路军、新四军却挺进日军后方，粉碎其一次次残酷"扫荡"建立起拥有1亿人口的根据地，就是靠发动群众。得不到人民拥护的国民党军，就不能在敌后生存，人心向背也决定了抗日战争结束后中国的走向。

中国革命军队的战争史，就是一部人民战争史。那些为了自己和家人的生存，为了改变社会状况而战斗的翻身农民，参军后的表现自然格外英勇。"战场牺牲，革命成功"，这是老一辈人都熟悉的口号。他们明白自己的流血牺牲会换来亲属、家乡乃至国家的幸福，因此才会有舍生忘死的拼杀，其武器虽差却能在精神上压倒一切敌人。看懂了这一点，人们就不难理解这些——

面对有翻身解放明确目标的共产党教育的战士，国民党军队那些花钱雇来或"抓壮丁"强征的士兵怎么能是对手？

面对以"保家卫国"作为信念的志愿军勇士，以美国为首的"联合国军"那些不知为谁打仗的雇佣兵又怎敢近战相搏？

军旅画家孙向阳作品《吕梁巾帼》，展示根据地广大妇女组织起来支前参战的情景。

现代人到国内的革命圣地参观，看到的多是老旧且土气十足的建筑。那些在陈列室中印刷粗糙且纸张早已发黄的讲义、传单和宣言，如今可能都看不明白，而在当年却是点燃千百万人心中希望的普罗米修斯窃来的天火。那些陈旧粗糙古老的农家运粮独轮车，那些装备着红缨枪一类简陋武装的民兵队伍，恰恰是支撑起宏大革命战争的擎天柱，也是人民军队最坚固的后盾。物质变精神，精神变物质的辩证唯物主义原理，在当年以土地革命、土地改革为基础的革命斗争中得到最形象的展现。

全国解放后，"保家卫国"这类教育同样动员起全国军民，装备那么落后的中国军队才能在朝鲜战场上挫败世界上装备最好的美军。此后，在东南沿海、在中印边界以及在其他地方的作战中，中国人民解放军同样以高昂的斗志，打出了国威军威。

向现代化迈进并迎接信息化时代的变革

战争虽然是精神力量的较量，但在战场上还要靠物质力量来比拼。尤其是当中华人民共和国的军队出现在世界战

陈坚油画《共和国的将帅们》，表现了新中国成立后毛泽东同军队领导人一同研究国防建设问题的场面。

争舞台上，必须从装备落后状态向现代化、正规化前进。在革命战争中可以"没有枪，没有炮，敌人给我们造"，即靠战场缴获来解决装备问题。进入世界范围的现代化战争，就需要国内自己解决先进的武器装备，需要在国家工业化的同时建立独立自主的军工生产体系。尤其是面对外部的核威胁，中国必须拥有自己的"两弹"，也就是导弹、核弹，进行国防现代化建设成为中华人民共和国成立后人民解放军的头等任务。

现代化军事科学技术，是现代化科学文化的结晶。要想掌握先进的技术，必须改变文化落后的面貌，并在建设工业化的基础上提升国家科技水平。旧中国是极其落后的农业国，至新中国成立前工业产值只占国民生产总产值的10%，而90%的经济形态还是同古代没有区别的人力耕作，人均粮食产量在1951年才突破了2000年前西汉的水平。在这样的基础上，旧中国又是一个文盲充斥的国度，80%以上的老百姓不识字。当年的红军、八路军和解放军对入伍的新战士都要首先进行扫盲教育，然而新中国成立之初的统计是全军文盲数仍占一半以上，甚至干部还有1/4是文盲。在朝鲜战场和东南沿海仍枪炮声不息时，解放军就掀起了大学文化、大学科学的热潮，中央军委向全军发出了"为建设正规化现代化的国防军而奋斗"的号召。

作为国防大学前身的南京军事学院，首任院长刘伯承一上任就向全院强调："我们要搞现代化，首先思想上要跟上时代，也要现代化。我们的学员、教员和工作人员，都是来自各个野战军，有的还干过游击队。以后，来自各野战军的不可再'野'了，干过游击队的也不可再带'游击习气'。"人民解放军的现代化、正规化建设，虽然经历了一段曲折的道路，但还是取得了举世瞩目的伟大成就。在旧中国留下的既贫穷而又满目疮痍的烂摊子上，中华人民共和国的建设得到了苏联的一些帮助，又主要依靠自力更生，建立起一个完整配套的国防工业体系，不仅能够生产所需的常规武器，还在"两弹一星"方面完成了历史性突破，使中国成为世界核大国之一。同时，解放军通过创建和发展各级各类军事院校，建立了国防科学研究机构，建立了正规化科学化的训练制度，从而使革命战争年代的单一军种发展成为一支能够实施诸军兵种协同作战的正规化的合成军队。

在加强国防现代化建设的同时，从开国领袖毛泽东直至后来的党和军队的领导人都强调人民解放军要发扬革命传统，抵制腐朽思想的侵蚀。全国解放后，毛泽东就特别强调警惕"糖衣炮弹"，要保持官兵一致、军民一致，坚持群众路线。例如在实行军衔制、工资制后，毛泽东特别强调高级干部要下连队当兵，目的就是不要脱离部队的基层群众——士兵。近年来，以习近平同志为核心的中共中央强调要进行党的群众路线教育实践活动，也正是继承了前辈的宝贵精神，并在新时期将其发扬光大。

人民解放军经过几十年的现代化建设，军队的面貌已经有了天翻地

陈坚油画《兵——上将许世友》，表现了1958年高级军官下连当兵的情景。

覆慨而慷的变化。不过，历史如镜，岁月如歌，听过了20世纪上半叶革命和战争的主旋律，又有了以和平与发展为主题的20世纪下半叶和新世纪的开端，世界军事舞台上也已经发生并继续发生着巨大的变革。随着新技术革命的兴起，现代高科技的成果广泛应用于军事领域，人民军队在过去战争年代的许多拿手好戏在新形势下也必须加以改变，军队的结构、编制也需要从根本上改变。如今，面对高技术条件下信息化战争的挑战，全军又在投入一场规模宏大的军事改革之中。

温故知新，借古鉴今。懂得过去起步的艰难和条件的困苦，也就能以深邃的眼光看待我国现在的军队建设所面临的问题。环顾当今世界，哪个强调民族精神的国家不重视历史教育呢？在许多国家特别是各军事强国，总会看到纪念军功的纪念碑林立，为国牺牲者的墓地鲜花不枯或长明火不息，研究和颂扬以往战史的文章书籍畅销不衰……那些充满稚气的青少

武警画家罗田喜油画《暖冬》，表现了习近平视察部队的场面。

空军画家李长文油画《模拟飞行》，表现了信息化新时期军队训练方式的全新变化。

李明峰的这幅油画,表现了
更换新军装的女兵形象。

年,正是看到这些才树立自身的信仰,维系了自己国家和民
族身份的认同。作为"铁打的营房流水的兵"的一代代军人
们,又是从本国以往战争的历史业绩中培植了尚武精神,确
立了自己从军的荣誉感。

　　军队需要变革,教育和书籍出版方式也应变革。过去一
些陈陈相因、语言枯燥的说教式书籍,以及缺少科学分析的
单纯记叙式写法,如今对军队内和社会上许多中青年人包括
众多"军事发烧友"都会有味同嚼蜡之感。在现代信息社会
中,需要推出的是全方位、多视角,有深度分析又语言生动
的作品,最好又是图文并茂。笔者所推出的这本书,力求将
历史解说与绘画形象相结合,向读者介绍人民解放军所走过
的90年辉煌历程,也希望广大读者尤其是关心国防的中青
年读者能够喜欢它。

　　　　　　　　　　　　　　　　　　　　　徐　焰
　　　　　　　　　　　　　　　　　　　　　2017年7月

第一章

南湖定纲领，黄埔奠基础

中国人大都知道每年的8月1日是中国人民解放军建军节，这个节日的确定是在1933年的赤色首都——那个被称为"瑞京"的瑞金城。这一年6月3日，中华苏维埃政府革命军事委员会发布了命令，"决定八一为中国工农红军成立纪念日"。此后，中国共产党领导的人民军队每年都隆重庆祝"八一"，还在1949年至1965年间将这两个字标上军徽。不过在1967年全国性的动乱中，这个纪念日险遭否定，有人提出要把9月9日秋收起义爆发日定为建军节。当时任代总参谋长的杨成武急忙到中南海汇报，毛泽东听后毫不犹豫地说："'八一'不能改，这是很重要的一天，打响了反对国民党反动派的第一枪。"

这一言九鼎的话语，立即稳定了"八一"的地位。周恩来在庆祝建军40周年招待会上便宣读了上述内容。此后，"第一枪"这句话就成了对南昌起义最权威的高度概括，也体现了对历史的尊重。当然，在"八一"这一正式建军日之前，共产党对如何建立军队还有一个酝酿筹备期，回顾建军史时也应该追溯建党和国共合作的大革命风暴。

建党时就提出建军目标

历史事物都有其继承性，如同任何人的出生都有其母体，不可能像小说《西游记》中的孙悟空那样，是一个无父无母而从石缝中蹦出的生灵。一支军队的诞生，也必然有其历史的继承性和延续性。中国共产党领导的军队在1927年南昌起义（当时称为暴动）正式诞生前，她的母体在第一次国内革命战争即大革命时即已经出现。要讲南昌起义建新军，也应该讲到此前的大革命风暴，以及黄埔军校、铁甲车队、叶挺独立团……

中国共产党人在1927年大革命失败之际还能举行南昌

这张法国杂志封面画讽刺了列强想瓜分中国，右边的日本武士也参与其中。

起义等一系列武装起义，就在于此前就有武装斗争的思想准备，从1921年建党起就在党纲中写入了建军的宗旨。自1924年黄埔军校创建开始，部分共产党员又开始奠定军事工作的重要基础，其中包括思想准备、组织准备。

自古以来，军队就是国家政权的重要成分，国家发展水平又决定着军队的装备和技术水平。清朝末年，西方列强和日本已经进入资本主义发展阶段，中国还停留在封建社会，工业社会与农业社会的"代差"表现在军队面貌上就是，装备近代枪炮的列强部队同手持刀矛和旧式火枪的清军相对抗。在两次鸦片战争中，清朝的"八旗""绿营"兵都不堪一击，后来清朝搞"洋务"时买了些洋枪洋炮，腐朽的军制却未变，中国在甲午战争中还是遭受惨败，列强一时还议论起如何瓜分中国。幸而中华大地面积广阔，民众富有反抗精神，西方各国及日本相互之间又因分赃不均而相互火并（日俄战争就是为争夺满洲），最后他们决定还是保留清政府作为代表其共同利益的工具。

那时"洋大人"骑在清政府头上，1901年的《辛丑条约》规定列强各国可以在山海关至天津、北京沿线驻兵和自由调动，皇宫外不远处的东交民巷就有外国军营。1905年日俄两国议和时，又以长春为分界划定双方在东北的势力范围，北满铁路由俄军驻防，南满铁路由日军驻防，这就种下了日本在南满设立"关东军"并在后来发动"九一八事变"的种子。

腐朽的清王朝对外以出让权益屈辱求存，对内却维护封建体制，对变法的主张只以血腥屠杀相回答。此时的中国社会是典型的半殖民地半封建社会，在没有任何条件进行

合法斗争的情况下，对如此黑暗的国家政权只能以武力来推翻，孙中山的反清革命就是以发动武装暴动为主要内容的。

著名军旅画家李如油画《小站练兵》。

　　清政府岌岌可危时，一些汉族军阀看到腐败的旧军不堪用，其中袁世凯从1895年在天津小站练兵起成立新建陆军，按照德国、日本的典章制度、战术编制和训练。这种建立新军的举动，标志着中国军队近代化的开端。

　　毛泽东曾对小站练兵后建立的新军有过很高评价，认为中国近代军队建设共分三个阶段，就是清末新军、黄埔军和后来的解放军。1954年10月18日，毛泽东在国防委员会第一次会议上的讲话中这样总结说：

　　"中国军队的近代化，我看可以分作三个阶段。

　　"第一代是清朝末年搞的新军。新军有三十六镇，就是三十六个师。今天在座的有相当多的人参加了那个军队，里面有日本士官学校的；有云南讲武堂的，我们的朱德副主席就是云南讲武堂的；有湖南讲武堂的；有保定军官学校的，唐生智委员就是保定军校的。这个新军和孙中山建立的革命党，在人民拥护的基础上，完成了推翻清朝的任务，但后来腐化了，脱离了人民，四分五裂，各人筹各人的饷，各搞各的地盘，被人民所唾弃。"

清末新军以及后来孙中山在辛亥革命时主要依靠的西南军阀，虽然为中国引进了近代化的武器和战术，不过在半殖民地半封建社会这种社会土壤上建成的军队还是"内战内行、外战外行"的军阀武装。其内部结构是"兵为将有"的雇佣制，对外勾结洋人求得支持，以武力控制地盘，残酷勒索民财。"有军则有权"，谁兵强谁就势大的军阀政治，是近代中国的基本特征。

1912年清廷退位后，中华民国长期处于军阀割据混战状态。袁世凯死后的北洋军阀分裂为奉系、直系、皖系，西南军阀派系更混乱，四川一省内就有十余个拥兵割据的"土皇帝"。在广东打着拥护孙中山旗号来争饷、争地盘的军队也有十余派，给钱就表示效忠，发饷不满意还炮轰过总统府。

例如1921年的中国形势，可以用"一个国家、两个政府、三个元首、四分五裂"来概括。在中华民国疆土内有北洋军阀的北京政府、西南军阀的广州军政府，都自称为正统。北

外国画家笔下北洋军阀部队的形象。

左：上海中共一大纪念馆中陈列的这幅油画，表现的是南湖上通过党纲的情景。会议共有代表12人（另有陈公博缺席），前排左三为毛泽东。

右：青年毛泽东的照片。他18岁时曾到湖南新军当过半年二等兵，有过军旅基层生活的亲身体验。

京的中南海里有总统徐世昌，广州军政府有总裁孙中山，北京故宫里还住着一个"尊号不变"的小皇帝溥仪，真是"一国三公"，国将不国！

在这种"长夜难明赤县天"的黑暗社会中，1919年爆发的"五四运动"举起了"民主"和"科学"的大旗。先进的中国人曾寄希望于西方，但在巴黎和会上受到冷遇而没有挽回丧失的国家权益，于是他们把目光投向十月革命后的俄国。新文化运动的领导者陈独秀和新思想的探索者李大钊接受了马克思列宁主义，开始"南陈北李，相约建党"，自1920年起在国内建立一些共产党的早期组织，中国从此有了走向光明的希望。

1921年7月23日，13名来自各地共产党小组的代表秘密汇聚上海，召开了中国共产党第一次代表大会。因密探搜捕，他们转移到浙江嘉兴的南湖上完成了会议，通过了第一个党纲，宣告了党的成立。

在中共"一大"党纲中，就提出"革命军队必须与无产阶级一起推翻资本家阶级的政权"。这句话却由共产国际代表所写，到会的人还不了解怎样建军。不过，若是看看"一大"代表乃至此时全党五十多个党员的履历,其中只有一个人当过兵,那就是辛亥革命时在湖南新军第25混成协(旅)第50标(团)第1营左队当过半年二等兵的毛泽东。

毛泽东后来对辛亥革命的回忆是——"我本人也曾经参加了这次革命,当了一名战士,吃七块二(指每月兵饷大洋7元2角)。"最后是这位曾经"吃七块二"的毛泽东领导中国共产党完成了武装夺取政权的任务,在某种程度上也是历史的必然。毛泽东通过切身体会,最了解军队士兵的生活,又以农家出身而最了解中国农民。他又接受了先进的思想并能在深入实践中加以升华,后来就成长为能够统率人民军队最杰出的军事家。

中国共产党人从建党之日起就接受了马克思主义的暴力革命学说,并载入"一大"党纲。前往法国留学的周恩来、蔡和森等人,自1922年以后在公开发表的文章中也提出应建立革命军队。至1922年夏,中国共产党只有百余名党员,又多是知识分子,也没有武器,连党的活动经费和领导人的生活费还需要设在莫斯科的共产国际支援,此时的确没有建军的条件。

根据"共产党是工人阶级的先锋队"这一经典理论定义,中国共产党建党之初就将眼光主要投向工人运动,除了南方的毛泽东、李立三、刘少奇组织的安源煤矿工运外,北

老画家侯一民的这幅油画,表现了刘少奇在安源发动工人运动的场面。

方工运重点就是京汉铁路。如李大钊等人就首先到郑州创建铁路工人俱乐部,通过召集工人搞娱乐活动的方式向他们讲革命道理。工会随后发展到汉口的江岸、北京的长辛店等地,在那里建立了共产党的基层组织,并发展了项英、林祥谦等一批工人入党。

京汉铁路工人运动在开始时提出的要求就是,增加一点工资、有集会和建立工人组织的权力,这在世界发达国家中是很正当的。在不知民主为何物的中国封建军阀看来,这却是大逆不道。吴佩孚讲的一句名言便是:"你有罢工的自由,我有开枪的自由!"

在国内标榜自由民主的西方列强,对外却奉行双重标准,为维护自身的殖民利益不惜支持最黑暗的专制势力。英、美、法等国在华使领馆都向北洋政府提出,京汉铁路停运影响了他们的利益,要求迅速恢复秩序。吴佩孚马上调动两万多军警,在汉口、长辛店等地用子弹同工人对话。京汉铁路总工会江汉分会委员长、共产党员林祥谦被捕后,军警将他绑在汉口江岸车站的木桩上,逼其下令复工,遭到拒绝后就马上将其斩首,并把头挂在电杆上威吓工人。在武汉为工人作辩护的著名律师施洋,也被军阀枪决。

1923年2月7日,北洋军阀用枪弹给早期的中国共产党人上了重要一课。"二七大罢工"失败后,中国共产党内的许多人都认识到,没有武装保护就没有办法发展工人运动。共产国际的意见是,让共产党以加入国民党的方式实行合作,以此发展力量。同年6月,中国共产党第三次代表大会在广州召开,此前任中央组织部部长的张国焘在会上不赞成同国民党合作,认为应独立开展工人运动。共产国际代表马林马上不客气地讽刺说:"你的职工运动哪里去了?早被吴佩孚的几支枪杆子打垮了!"

据中共"三大"的到会者回忆,毛泽东在会上说,湖南虽然工人很少,国民党员和共产党员更少,可是满山遍野都是农民。任何革命,农民都是最重要的。此时,除了广东的彭湃外,党内还没有人进行农民运动的实践,在党的"三大"上接任中央组织部部长并实际主持中央工作的毛泽东的这一先见之明,被后来的历史充分证实。

中共的"三大"最后决定,同国民党进行合作。那时国民党毕竟在广东有点地盘,还掌握着几万军队,与其联合才能实现"打倒军阀、除列强"的国民革命任务。中共最早的军事工作,在国共合作的基础上迈出了第一步。

在国共合作时培养共产党的军事骨干

1924年1月,孙中山在广州主持召开了国民党第一次代表大会。讲起来让人感叹,国民党自从其前身同盟会在1905年成立后,长期是松散的反清联盟,没有党纲,也没有代表大会这类民主政党的组织形式,而沿用了江湖会党那种按手印、指天发誓的方法,党内还有许多代表豪强和黑社会的反动势力。孙中山看到国民党的积弊,才决心"以俄为师",学习苏俄组织方式,并以吸收中国共产党员加入的方式来使自己的党获得新鲜血液。

此时,中共中央认定孙中山和国民党在反军阀和反帝斗争中有革命立场,决定共产党员以个人身份加入国民党,因此这时的国共合作被称为"党内合作"。采取这一形式的一个重要原因,是由于以孙中山为首的

这幅著名油画表现了孙中山在苏联顾问鲍罗廷(左一)的支持下开办黄埔军校的情景。前排左二为军校党代表廖仲恺,前排左三为孙中山,左四为宋庆龄。

国民党号称有30万党员，不同意与只有300人的共产党进行平等的合作，只能采取"容纳"的形式。其实当时国民党异常松散，既没有中央机构，各省市也没有党部一类的领导机构，根本搞不清自己有多少党员，只好把凡是与之有关系的各派军队、团体的人都算成其党员。实现国共合作后，在中共帮助下，国民党才依照苏俄的建党形式建立各省党部，起初大都由国民党左派和共产党人在其中发挥主要作用。

孙中山通过几十年的军事活动看到过去利用的军阀附叛无常，政治上都不可靠，决定在苏联提供经费和顾问的帮助下建立军校，以此建立政治可靠的"党军"。1924年5月，陆军军官学校在广州市郊建立，中共中央也派了许多革命青年前往学习，第一期入校的470个学生中据统计有共产党员、共青团员80余人。同年11月，从西欧留学归国的周恩来受中共中央派遣，到黄埔军校政治部担任副主任，翌年初又担任政治部主任。据当时军校的人回忆，周恩来一讲政治大课，马上在全校师生中获得最高评价。他在黄埔军校中建立了最早的政治工作制度，从此使军校、军队同"我是军人，不问政治"而只讲盲从的旧军阀传统划清了界限。

在黄埔军校担任政治教官并在武昌分校担任总政治教官的恽代英，自"五四运动"以后就因发表启蒙文章被称为"青年导师"。他生动的演讲和深入浅出地介绍革命思想的文章，为那些青年预备军官指出了一条光明的人生道路。在广州担任国民党中央宣传部代理部长并主持中央农民运动讲习所的毛泽东，也曾受邀到军校讲农民运动课。当时许

陈坚油画《恽代英》，表现这位在黄埔军校有重要影响的青年导师的形象。

位于广州以东黄埔岛上的陆军军官学校的校门，如今这里已经开辟成纪念馆。

多人称黄埔是"国民党的军校，共产党的政治教育"。

通过学习苏俄"十月革命"后建立红军的经验，黄埔军校率先建立了党代表制度，并推广到国民政府管辖下的军队，在中国土地上还首创了军队的政治部制度并开始革命政治教育，中国共产党也由此培养出自己的第一批军事骨干。自1924年5月黄埔军校开办至1927年夏国共彻底决裂，黄埔军校及其各地的分校在六期招生中共培养出1万多名学生，其中大部分成为蒋介石的起家班底，却也有2000余名是共产党员、共青团员，成为随后发动暴动建立红军的主要干部来源。如新中国的十大元帅中就有五名或从黄埔军校毕业或在那里任过教，十位大将中也有四人是黄埔前六期的学生。

黄埔军校的校长蒋介石，原来是孙中山的幕僚，过去没有当过带兵官而只在粤军中当过参谋长，并没有亲自指挥部队作战的经验，只长于权谋。他利用开办军校，模仿近代军阀曾国藩以"同乡、亲友、师生"为纽带，发展以江浙系为中心的私人势力，并以各种利诱将多数黄埔生拉到自己一边。他从1924年11月开始建立黄埔教导团，随后将其发展为第一军，又扩建为后来庞大的中央军。若追根溯源，国共两党建军"本是同根生"，后来因阶级立场相异，不可避免地出现同学间的开火厮杀。

国民党经过改组，进入了包括"共产派"这样的革命力量，不过还有很多代表豪绅势力的右派和中派。共产党领导的工农运动一旦发展起来，黄埔军校内就出现了左右两派师生的矛盾激化。1925年夏，广州成立了国民政府，把下属部队统一编为国民革命军。其中以蒋介石为军长的第一军实力最强，该军东征占领了广东东江地区后，共产党人彭湃领导的农会掌握了基层政权，并向地主展开要求减租的斗争，蒋介石对此非常不满，他手下的爪牙"孙文主义学会"的反动黄埔生也同共产党员黄埔生就如何看待工农运动发生了激烈对抗。据黄埔一期毕业，后来成为解放军大将的陈赓回忆，两派学生不仅见面经常吵架，而且还动手，"在汕头蒋介石请我们吃饭时，两家说着说着就用食具打起来"。

此时尚有广东省内旧军阀和北洋军阀的大敌当前，黄埔军校内还维持着表面的合作，不过破裂的暗流已经在地下涌动。共产国际驻中国代表鲍罗廷此时提出的观点是，共产党先要帮助国民党完成打倒列强、除军阀的国民革命，然后再搞无产阶级革命。他有一句名言就是，在国民革命期间"共产党只能做国民党的苦力"。按照这种观念，在国共合作的大革命中，共产党派党员到国民革命军中主要做政治动员和宣传工作，却不注重抓兵权，党的工作重点是发动工农运动。党内许多人认为，建立军队应放在国共合作完成国民革命之后。

出身云南讲武堂的旧军人，后成为红军创建者的朱德，自身在大革命中的经历就反映出当时中共中央对军事工作的注重点。朱德在滇军中由少尉排长干起，在讨袁和军阀混战中以军功升至少将旅长，一时名震川滇。他却对黩武争权深感厌倦，主动离开月收入大洋数以千计的军旅外出学习。1922年朱德到上海见到陈独秀，提出加入中国共产党的要求，却未被接受。同年朱德赴欧到德国学习战术，并研究社会主义理论，后经周恩来介绍加入了共产党。1925年朱德又进入莫斯科共产主义劳动大学，并在军训班学习。在那里他提出，回国后如打不赢就上山，令苏军的教官感到惊讶。1926年朱德回国后，中共中央并没有让这位名将去组织军队，而是让他利用旧关系到川军、滇军中当党代表，动员北伐。朱德深知这些军阀只想政治投机谋利，根本不会真心革命，却只好同自己厌恶的这些人周旋。终于到南昌起义后拉队伍上了井冈山，这位"红军之父"才施展出自己指挥军队的才能。

以1924年国共合作为开端的大革命（又称第一次国内革命战争），因共产党人和国民党左派的推动，在1926年至1927年春在全国范围形成高潮。中国共产党的党员数量，从1925年初的1000余人，至1926年夏天发展到1.6万

军旅画家李文长的这幅油画，表现了朱德在云南护国军任旅长时跃马驰骋的英姿。

人，至1927年春又发展到5.7万人。不过当时党对建立军队的重要性还缺乏认识。1926年3月20日蒋介石在广州私调军队戒严，驱赶自己部队中的共产党员，已暴露出反共的倾向。此时中共广东省委仍坚持说："蒋介石有军队，我们有群众，到头来他还是跳不出如来佛的手心。"后来的事实却证明，群众运动没有革命军队保护是很容易被镇压的。正如毛泽东后来在《论联合政府》一文中所总结的——"没有一个人民的军队，便没有人民的一切"。

以铁甲车队、叶挺独立团为基础探索建军

1924年国共合作开始时，广东省内有打着拥护孙中山旗号入粤的湘、滇、桂军等诸多杂乱武装，他们从本质上讲还都是旧式军阀部队。同年6月26日，孙中山在黄埔军校开学典礼上也感慨地说："中国在这十三年之中，没有一种军队是革命军。现在广东同我们革命党奋斗的军队，本来不少，我都不敢说他们是革命军。"孙中山的想法是用三民主义改造这些旧军队。然而事实上，那些习惯了私人掌兵、以枪谋利的军阀们是很难改造的，他们在后来的北伐期间大都变成了新军阀。

中国共产党内一些有远见的领导人如周恩来、陈延年等，在国共合作之初就认为革命不能依赖军阀，要有自己的武装。陈独秀的长子、留法勤工俭学归来的广东区委书记陈延年，从1924年起就组织了工团军、农团军，在第二年省港大罢工时又组织了几千人的工人纠察队。这些工农武装有少数破旧枪支，组织训练很差，吃饭和住宿还要回家，相当于民兵性质，后来遭到敌人正规军攻击时往往一打就散。当时周恩来就认为，必须建立正规的革命军队，可以从小到大。

黄埔第一期毕业生、铁甲车队队长周士第在大革命时的照片。

1924年11月，黄埔第一期的600名学员毕业，多数人被蒋介石收留作为自己创建军队的骨干。此时周恩来以共产党员军校毕业生为军官，利用从苏联顾问那里筹来的一些钱和武器，招募士兵，建立起隶属于孙中山大元帅府的铁甲车队，共有120人。当时广东政府对军队管辖很松散，谁有钱、有枪就可以建立军队，只要服从政府就行。

以黄埔一期毕业的周士第为队长的铁甲车队建立后，实际归中共广东区委领导，没有使用铁甲车而是跟随有"广东农王"之称的彭湃去保护农民运动，参加了打击地主海匪武装、封锁香港等战斗，从一开始就显示出工农子弟兵的本色。

有了铁甲车队的初步建军经验，1925年11月中共广东区委决定，以铁甲车队为基础组建一个团的正规军队。除了提拔铁甲车队原有的骨干当干部外，周恩来等人又派出一批共产党员黄埔生到团内担任军官，再按旧军队的雇佣法招募士兵，以刚刚从苏联学习归来的叶挺为团长，于广东肇庆成立了第四军第三十四团，翌年改称第四军独立团。这支在北伐开始前只有2100人的部队，成为中国人民解放军的开山始祖。

叶挺独立团建立时，中国共产党人开始了创建人民军队的宝贵尝试，在团内建立了党组织和实施政治工作，教育官兵所到之处要做群众工作，官兵吃一样的伙食，上级不许打骂士兵。不过当年缺乏建军经验，共产党组织在叶挺独立团中比较薄弱，全团只有二十几个党员，基本上都是干部而没有发展士兵党员，团内只有一个党支部而没有连以下的组织。后来毛泽东在井冈山斗争中曾总结这个教训说："两年前，我们在国民党军中的组织，完全没有抓住士兵，即在叶挺部也还是每团只有一个支部，故经不起严重的考验。"

1926年夏天北伐战争开始时，叶挺独立团作为先锋最早出师湖南，以一个团的兵力击溃北洋军阀六个团，随后在汀泗桥—贺胜桥决战中建立了突出功绩，攻击武昌城时又不惜重大牺牲前仆后继。在北伐军中，第四军以战斗力最强著称，攻克武昌后第四军获得

汉阳兵工厂向"铁军"赠送的铁盾。

汉阳铁厂赠给的铁盾，上面刻着"烈士之血，主义之花；铁军威名，远近弥遐"的字样，被人们称为"铁军"，叶挺独立团又是"铁军"中的骄傲。"光荣北伐武昌城下，血染着我们的姓名；孤军奋斗罗霄山上，继承着先烈的殊勋。……"后来《新四军军歌》的头几句，即道出了共产党人"铁军"的光荣历史。

国民革命军以八个军11万人从广东、广西出师北伐，在工农运动的配合下，仅大半年就席卷了中国南方大地。西北的冯玉祥领导的国民军也拥护广东国民政府，接收苏联援助后向陕西、甘肃进军。中共中央派出刘伯坚、邓小平到这支部队担任政治部的正、副主任，在西北军中开展统一战线工作并宣传革命思想，为后来西北军中陆续出现大量部队投奔红军、八路军和解放军打下了较好的基础。

北伐军在进军中很快扩大了地盘，兵力也由出师时的八个军发展到四十个军，不过其中大量成分来自于收编的旧军阀部队。担任北伐军总司令的蒋介石，北伐期间就将自己的第一军扩大为兵力最多的第一集团军（后来成为庞大的中央军）。在各派势力大扩军的形势下，叶挺独立团扩编为两个师（第二十四、第二十五师及第二方面军警卫团）

共六个团，不过兵力也只有1万余人。多年后，周恩来总结历史时曾说，当时中共中央如果重视武装，在工农运动的基础上建立十个师的军队是完全可以办到的。

随着北伐战争的洪流席卷南方，共产党领导的工农运动有了空前大发展。在以毛泽东任书记的中共中央农民运动委员会的领导下，湖南、湖北、江西、河南四省农运成为重点，并向其他省份扩展。湖南农民协会的会员就发展到200余万人，掌握的群众达1000余万，占全省农民总数的一半以上。工会的力量在城市中发展也很快，如武汉总工会就掌握了30余万群众。不过工农团体缺少军事力量，如湖南农民自卫军虽称有10万人，装备却基本是梭镖（即红缨枪）。后来在面对许克祥指挥反动军队的一个团在长沙发动"马日事变"时，前去攻省城的农军数量虽不算少，却因武器太差，又没有受过军事训练，打长沙未能成功。事后武汉国民政府主席还讽刺中共中央总书记陈独秀说："你们在湖南的十万大军，还打不过许克祥的一个团？"有了反动军队撑腰，湖南的土豪劣绅组织起民团并掌握了不少枪支，他们大肆屠杀前一

军旅画家李如油画《十万农军攻长沙》，从中可看出当时湖南农军虽声势浩大却武器简陋。

段农民运动的骨干，很快把农运镇压下去。这一事实说明，革命军队才是武装斗争的骨干，群众应主要起支援作用，而单凭缺少武器和训练的群众来对抗反动军队显然是不能胜利的。

过去受尽恶霸地主压迫的贫苦农民，在轰轰烈烈的农民运动中掀起了斗争土豪劣绅的浪潮，极大地提高了翻身作主人的思想觉悟，这为后来的土地革命奠定了群众基础。农运的兴起，不可避免地激化了国民党内的左右派和国共之间的矛盾，尤其是损害到大多数国民党军官的利益。旧式军队的雇佣兵每月有7块至8块大洋的兵饷，排连级军官每月薪金大都有百块大洋，团以上军官就有上千大洋。旧中国没有多少工商业，有钱人的主要投资渠道就是买土地，几十块大洋就能买一亩良田。当时当连长几年，家里就能成为小地主，团以上军官可以当大地主，"军官等于地主"成为社会规律。国民党新军阀和刚收编的旧式武装中的多数军官对共产党和农民运动极度仇视，纷纷叫嚷要镇压"痞子运动"。蒋介石率部北伐到达长江下游时，得到与帝国主义勾结最深的江浙财团的支持，感到已经不需要苏联和中共的帮助，就率先举起"清党"反共的屠刀，国民党内的各派新军阀也随之响应。

1927年4月初，当共产党领导的工人暴动刚从北洋军阀手中夺取了上海后，蒋介石就同桂系军阀头目赶到这里。他们看到街上的工人纠察队武装站岗和浩大的游行队伍，就议论应迅速将其镇压下去，不然上海大财团和洋人利益

张庆涛油画《长街行》，表现了国民党逮捕共产党人的场面。

就会受威胁。蒋介石随之在上海召开反共会，达成所谓"清党"，即把国民党内的共产党人和左派清除出去。

4月12日，以狡猾闻名而号称"小诸葛"的桂系军阀、北伐军参谋长白崇禧直接指挥了上海反共政变，以欺骗的方式解除了工人纠察队武装，随后同青帮流氓一起捕杀共产党员。蒋介石嫡系军队在其控制的江苏、安徽和浙江也同时展开大规模的反共镇压。4月13日和4月15日，广西、广东的桂系、粤系军阀也对当地共产党人展开抓捕和残杀，并捣毁了各地的共产党领导的工会和农会。

蒋介石发动"四一二政变"后，在南京建立了国民政府，同原为正统的武汉国民政府唱起了对台戏，史称"宁汉分裂"。1927年4月至7月上旬，打着"左派"旗号的武汉国民政府主席汪精卫等人表面上还维持国共合作，其下属军官实际上不断采取反共和镇压工农运动的行动。在这种严峻的情况下，共产国际和陈独秀为首的中共中央领导人犯了右倾错误，仍寄希望于武汉国民政府而对其多方迁就，没有组织和扩大军队以准备应付反共政变。此时毛泽东在武昌家中与老朋友蔡和森商议对策，认为武汉形势危急，静待人家来处置，无异于釜底游鱼，建议中央检查自己的势力，做一军事计划。一味等待共产国际指示而缺乏独立自主精神的中央最高领导陈独秀等人，在此危急时刻仍迟疑不决。

进入7月以后，以汪精卫为首的武汉国民政府态度日益逆转，准备同南京国民政府合并，"宁汉合流"反共的趋势已很明显。面对紧张形势，陈独秀于7月11日辞去中共中央总书记职务，躲进汉口一个秘密寓所不再管事。7月12日中共中央在汉口秘密成立了五人组成的临时政治局常务委员会，领导全党准备进行新的斗争。

7月15日，汪精卫主持的武汉国民政府正式宣布"分共"，即同共产党分手，其下属主力湖南军阀部队在两湖地区对工农运动和共产党展开了血腥镇压。因事先缺乏武装反抗的准备，各地工农团体基本瓦解，中共地方党组织也大都被打散，少数人转入地下活动。中共中央统计的党员数字由几个月前的5.7万人降至8000人，以国共合作为标志的大革命至此宣告失败，北伐的成果被蒋介石为首的国民党新军阀所篡夺。

在这个"红旗卷起农奴戟，黑手高悬霸主鞭"的剧烈转换时期，中国共产党人并没有丧失坚持进行民主革命的信念，7月下旬，中共中央组成以周恩来为书记、李立三、恽代英、彭湃为委员的前敌委员会，准备组织武装起义。李立三还赶赴九江，同苏联顾问鲍罗廷以及叶挺等指挥员商定了在南昌发起暴动。由于过去没有重视发展武装，此时能调动的只有叶挺部队等少数由共产党领导的部队以及刚争取到的贺龙部，不过发动起义是挽救中国革命的唯一正确方式。

可以说，大革命的风暴孕育出了南昌起义、秋收起义，这些起义的部队又最后奔向了井冈山……

第二章

南昌燃烽火，井冈建红军

"南昌首义诞新军，喜庆工农始有兵。"——曾任中国工农红军、八路军、解放军总司令的朱德，在纪念1927年8月1日的南昌起义时赋诗中的这两句，说明了这次起义诞生了一支全新的属于工农的军队。此前，共产党虽掌握了一些军队，却是在国共合作基础上建立的，没有独立指挥权。南昌暴动时的起义军仍沿用"国民革命军第二方面军"番号，全体官兵却已扎上红领带并打出红旗，全军完全由共产党独立领导，8月1日就成为人民军队正式诞生日和建军节。

面对反共屠杀，发动三大起义

1927年春、夏国民党的反共"清党"，使中国共产党遭受了重大损失，国民党其实也严重受损并彻底变质。据国民党中央统计，"清党"前党员为38万人，"清党"后只剩20余万人，损失的党员中包括屠杀了原来"跨党"即有双重党籍的大量共产党人，也包括杀害和清除了自己党内的进步分子。

广西军阀白崇禧是上海"清党"的军事指挥，他看到青帮流氓作为反共"清党"骨干的种种暴行，当时就感叹说：

"藉清党为名，奸人妻子，掳人财物，敲榨剥削，随便杀人，以致人民怨声载道。上海是舆论的中心，故民众对本党已渐失信仰，这是非常痛心的。"蒋介石拥立的南京国民政府主席胡汉民也认为"清党"已走样，并感叹说："清党，清党，许多罪恶，借之而生。土豪劣绅，弹冠相庆，攘臂大呼曰：清党。清党把许多健全忠实的少年同志，一网而尽。"国民党清除内部革命左派时，拉了许多豪绅军阀，从此变成国内反动势力的代表，共产党领导革命人民只能以武力将其推翻。

1927年大革命失败之际，那些被农民运动戴了高帽子游街、被抄家或"杀猪出谷"的土豪劣绅们，以百倍的疯狂组织反动民团、挨户团，并引进新军阀部队，屠杀共产党人和工农运动积极分子达几十万人。此时革命者到了非鱼死即网破，不武装反抗就无法生存的地步，在大半年内就组织了一百多次武装暴动。

从此时起义的地点可看出，中国共产党没有进行过农民运动的北方省份通常难以组织农民暴动，只有搞过农运的陕西还能发动起义并创建根据地。在南方农运影响较大的地区，共产党人振臂一呼，不少群众就发出呐喊——"暴动！杀土豪劣绅！""暴动！农民夺取土地！"随之，便会出现毛泽东《西江月·秋收起义》诗词中描绘的场景：

地主重重压迫，农民个个同仇。

秋收时节暮云愁，霹雳一声暴动。

在逾百次的暴动（后来常称为起义）中，南昌起义、秋收起义、广州起义这"三大起义"最为重要，可视为中国

新中国第一代画家全山石油画《前仆后继》，表现了面对国民党的屠杀，共产党领导革命农民奋起暴动。

共产党独立建军的开端。

南昌起义集中了当时共产党人掌握的主要军事力量，又利用国民党新军阀"宁汉之战"的机会发动。1927年7月下旬，武汉国民政府因长江下游的蒋介石卡住其经济命脉，"分共"的同时也调兵"东征讨蒋"。此时武汉政府内的粤系军阀张发奎不想东征，而是想调动包括叶挺部在内的第四军老部队南下广东向李济深争权。共产党不想参与新军阀混战，却乘机将叶挺等部队集到九江一带。临时中央常委李立三奉命到九江了解情况，看到革命官兵已积愤待发，同时认为把部队拉到敌军较少的南昌举义较合适。他还看到一件令人兴奋的事，那就是贺龙也愿意带领第二十军8000多人参加起义。得到李立三的报告后，7月24日临时中央政治局在瞿秋白的主持下开会，决定派前敌委员会书记周恩来前往南昌，全权组织这次起义。

周恩来此时成为党内组织暴动的众望所归，因为他是中国军队中革命政治工作的开创者，又是党内最早的军事部长和早期建军的组织者。

过去的滇军名将，此时还未暴露中共党员身份的朱德，事先被党派到云南军阀控制的江西。他虽只担任没有兵权的第三军军官教育团团长一职，却兼任南昌市公安局局长，掌握了部分警力，对接应叶挺等部队进驻发挥了很大作用。

南昌起义前，苏联军事总顾问加伦和共产国际对是否举事都产生过犹豫摇摆，原因是力量太小。加伦的估算是，到南昌真正靠得住的暴动队伍，只有叶挺独立团扩编成的第二十四、第二十五师的五个团8000余人。在共产党人处于急难之际，贺龙率领他的第二十军接受党的领导，又使起义兵力增加了一倍。

贺龙这位出身山林的英雄，此时站到共产党一边并非

许宝中在1979年所绘的油画《前驱》，描绘了南昌起义领导人的光荣形象。前排右起：刘伯承、贺龙、叶挺、周恩来、朱德。贺龙，人称"贺胡子"，起义时任军事总指挥。

偶然。他出身贫苦，以"两把菜刀"揭竿而起，率领反官府的百姓占领盐局起家，以后逐步发展力量，北伐中以战功卓著得到一个军的番号，同时接受了革命新思想。1927年6月间，贺龙向周恩来表示："只有共产党才能救中国，只有马列主义才是救国救民的真理。我决心跟共产党走，决心与蒋介石、汪精卫这班王八蛋拼到底！"此时，国民党内的蒋、汪两派都在拉拢他，许以高官，贺龙却抛弃富贵而选择艰难危险的革命之路。

以周恩来为首的前委对贺龙也表现出高度信任，南昌起义时任命他为军事上的总指挥。起义军南下到达江西瑞金时，在周恩来的主持下，由周逸群、谭平山做介绍人，贺龙在党旗下庄严地举手宣誓。在后来几十年奋斗中，贺龙这位开国元帅又建立了不朽的战功，说明他在南昌起义前的选择正出于救国救民的追求。

1927年8月1日，周恩来在参谋团长刘伯承的协助下，指挥叶挺、贺龙部队在南昌及周围起义，仅五个小时即占领全城，解除了滇军五个团的武装。以蔡廷锴为师长的第十师在叶挺力争下，一度附和了起义，这样使起义部队共达五个师两万多人，而且都是原来国民革命军在北伐中打出威名的正规军。

南昌起义向全国显示了中国共产党人并没有被反共屠杀吓倒，在白色恐怖中提振了全国革命者的斗志。不过共产国际和中共中央对起义军的要求，是南下广州占领海口，接受苏联援助武器以扩充部队，再进行新的北伐打败国民党新军阀。这还是照搬苏俄模式，坚持"城市中心论"的体现，不合乎中国的国情。

南昌起义后，共产党人独立建军遇到的最大的难题，仍是起义部队还沿用旧军阀部队的雇佣传统。基层军官、士兵大多是由高于社会一般人的薪饷雇佣来的，对"为谁当兵，为谁打仗"并不很清楚。共产党领导的叶挺部队的军官大多数由党派去，但募兵、管理、教育等许多制度仍没有冲破旧式军队的规范。该部过去从不克扣军饷，士兵感觉远比其他部队好，不过遇到危急发不出饷或面临生死存亡考验时，也有不少人会逃跑、开小差。

当时周恩来、李立三等领导人只有29岁，还是青年革命家，对如何建军还缺乏经验，只能在挫折中摸索经验。南昌起义部队刚离城南下几天，蔡廷锴为师长的第十师即叛逃，并驱逐了部队中的共产党员，以后发展成为国民党军中著名的第十九路军。这一叛逃事件让起义领导人痛心不已，大家都抱怨，事先没有撤换这个师的领导，没有改造部队。随后部队在酷暑中南下，既无法发饷，士兵和当地老百姓又不了解起义与自身的关系，结果出现了党内报告中所述的情况——"兵士全不明此次起义的意义，因此军心大为动摇，逃走极多。仅行军数日，实力损失已在三分之一以上，遗弃子弹将近半数，迫击炮几乎完全丢尽。"

政治部门并非没有做宣传，所讲的"革命"却只是空洞

李长文所绘的蔡廷锴的画像。蔡廷锴在南昌起义时勉强率部参加，后又脱离。1932年他率第十九路军抗战打出威名，在解放战争以后又积极同共产党合作并参加了新中国建设。

地讲打倒新军阀，据当时军中一些政工人员所说的如同"卖狗皮膏药"，这同士兵眼前的利益有什么关系呢？很多人想，到哪支军队中不是当兵吃粮呢？

两万人的南昌起义部队，到达广东潮汕时只剩1.1万人，又采取同强敌硬打硬拼的办法，结果经历了汤坑、三河坝两战，大部分人伤亡和被打散。作为叶挺独立团老底子的第二十五师在三河坝战斗失利后，由朱德、陈毅率领辗转奔向湘南，2500人的队伍在行军中不断有人开小差，拉到粤北时只剩800人。幸亏朱德、陈毅对剩下的队伍进行了思想教育和改造，又上了井冈山。这个团便成为红四军战斗力最强的第二十八团，后来在人民军队中以"铁军"传人著称。

南昌起义后一周，8月7日中共中央在汉口秘密召开了"八七会议"，决定全党展开反对国民党的武装暴动。根据会议精神，毛泽东返回湖南，9月9日在湘赣边界领导发动秋收起义。参加起义的部队分别由成分为工、农、兵的三个团组成，即安源矿工、萍乡浏阳的农军以及叶挺部队的分支国府警卫团。这支5000余人的起义部队，一半以上是没有受过

画家王铁牛所绘油画《三河坝战斗》，表现了南昌起义部队在潮汕地区同敌激战的场面。此战失利后，朱德、陈毅把剩余部队拉到湘南。

训练又缺少枪支的矿工和农民，却接受了攻打长沙的任务。面对4万余国民党正规军的环绕攻击下，起义部队很快损失大部，主要剩下国府警卫团的主力向南撤退。在向罗霄山区转移的途中，又出现了南昌起义部队同样的问题。1936年毛泽东与斯诺谈话时对此曾回顾说：

> 它不得不突破成千上万的国民党部队，进行多次战斗，遭受很多挫折。当时部队的纪律很差，政治水平很低，指战员中有许多动摇分子，开小差的很多。（《毛泽东一九三六年同斯诺的谈话》，人民出版社1979年版，第53页）

秋收起义剩余1700人的部队从文家市出发，经十天行军到达井冈山下，所剩仅700多人。此时起义部队还沿用旧式雇佣军队的制度，"官靠薪，兵靠饷"，薪饷不济，很多人就会溃散和逃走。

面对这种无情的现实，中共党内有些领导人一时找不出摆脱雇佣军队旧习惯的方式，甚至想用高于国民党军的薪水来吸引人参加红军。

1927年12月11日，共产党组织广州起义，第一次正式打出了"红军"旗号。为了迅速扩军，广州苏维埃政府对士兵所宣布的政纲是"组织工农红军，改良士兵生活；增加兵饷到二十元现洋"。此时国民党军队的士兵月饷不到十元大洋，广州起义的纲领是想以更高的薪金吸引士兵来参加红军。

广州起义因一度夺取了这座中国南部最大城市，一时震动了世界。此刻正值联共（布）第十五次代表大会在莫斯科开幕，

高虹、何孔德、彭彬、韩柯等画家共同创作的油画《秋收起义》，表现了毛泽东领导工人、农民和革命士兵三部分力量一同暴动。

老一辈画家何孔德、郑洪流在1962年创作的油画《广州起义》。

会场上宣布这一消息时，斯大林和大会全体代表马上站起来长时间地鼓掌欢呼："世界革命万岁！""中国革命胜利万岁！"然而事实却迅速证明，在中国走俄国那种通过城市暴动夺取政权的道路是行不通的。

参加广州起义的正规部队只有教导团和警卫团一部不足2000人，近万名工人赤卫队临时组织起来却大都不会开枪。国民党军五个师反扑过来后，第二天晚上剩余的部队1200人只好撤出城，奔向穷困的海陆丰山乡，到目的地后只给每人勉强发了一块银元当零用钱。由于根本没有每月"二十元现洋"来募兵，愿意投奔"招军旗"的"吃粮人"也不肯在这样艰险环境中受雇，部队主要靠原来的有革命觉悟的老骨干打仗，因没有补给，越打越少，最后只剩二三百人，不得不放弃海陆丰转移到其他地区。事实证明，靠雇佣兵建立革命军队根本行不通。

当共产党领导的起义部队处于存亡危急之际，毛泽东率先找到了新的建军方式，那就是到农村去发动土地革命，依靠贫苦农民，建立一支不发饷的军队。

三湾改编军队新生，走上井冈艰难探索

1927年9月底，毛泽东在井冈山下领导了三湾改编，挽救了这支军队，也找到了一条建设新型人民军队的道路。

起义军到达井冈山下的三湾时，这支以武昌国民警卫团为主体的部队行军不过十天，离散逃跑的人就有一大半。毛泽东认识到，原来党对部队的领导能力不强，旧军队的旧军阀习气也未改变，必须停下来进行一次改编。

在三湾改编中,毛泽东首先确定了党对军队的绝对领导原则,由党组织领导军队而不是长官个人管军队,所有的"长"都要执行党委的指示。黄埔军校毕业的原就有些名气的余洒度、苏先骏在起义军中曾是师长和第三团团长,他们反对改编的一些主张被党委否定,又不愿上生活艰苦的井冈山,结果双双离队当了叛徒。改编后,部队缩编成一个团,上山后新任团长、副团长和参谋长也因对前途悲观失望而相继叛变,不过这几个带兵官已带不走一兵一卒,因为兵和枪都归党组织而不归个人指挥。

三湾改编的一项关键性措施,就是除团内建有党委外,党的支部又建立到连一级,党组织直接掌握了士兵,改变了此前叶挺独立团只有一个党支部而无法很好掌握士兵的弱项。三湾改编后,连有支部、排有小组、班有党员,这些党员又大都是斗争中涌现出来的意志坚定的革命者,部队的稳定性很快大有改观。正如毛泽东后来总结的,"红军所以艰难奋战而不溃散,'支部建在连上'是一个极其重要的原因"。(《毛泽东选集》第一卷,人民出版社1991年版,第65—66页)

老画家韦启美油画《三湾改编》。

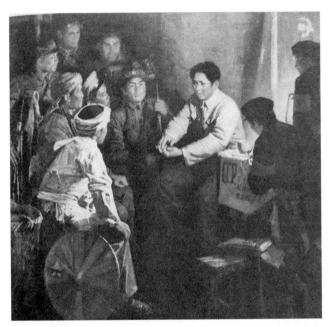

已故军旅画家高泉油画《毛主席在连队建党》，表现了三湾改编后毛泽东亲自深入连队发展党员和建立党的基层组织。

经过三湾改编，士兵地位有了很大提高，连里建立了士兵委员会，能代表战士发表政治上、经济上的意见，可以检查伙食账，也就杜绝了贪污、克扣这类"喝兵血"的现象。部队中又取消了军衔，官兵吃一样的伙食，都没有薪饷。这彻底改变了旧军队中长官凌驾在士兵之上的传统，为实行官兵一致奠定了基础。

几十年后，三湾改编时任连党代表的罗荣桓已成长为共和国元帅，他在回忆录中曾总结说：

三湾改编，实际上是我军的新生，正是从这时开始，确立了党对军队的领导。当时，如果不是毛泽东同志英明地解决了这个根本性的问题，那么，这支部队便不会有政治灵魂，不会有明确的行动纲领，旧式军队的习气、农民的自由散漫作风都不可能得到改造，其结果即使不被强大的敌人消灭，也只能变成流寇。（罗荣桓：《秋收起义与我军初创时期》，《井冈山革命根据地》（下），中共党史资料出版社1987年版，第120页）

三湾改编后，毛泽东领导工农革命军上了井冈山。有的战士因又累又饿而扒老百姓的红薯吃，还有人不听指挥，打土豪筹款时出现了私拿私分，毛泽东为此又宣布了三条纪律："第一，行动听指挥；第二，不拿农民一个红薯；第三，打土豪要归公。"

"红薯""打土豪"这类词汇，体现了井冈山的斗争特色。以后，第二条改为"不拿工人农民一点东西"，第三条改为"筹款要归公"。这样，就确定了军队内部关系、与群众的关系和生存措施这三方面的基本原则。后来在发动群众时，毛泽东根据当地实际又规定了六项注意：

（一）上门板；

（二）捆铺草；

（三）说话和气；

（四）买卖公平；

（五）借东西要还；

（六）损坏东西要赔。

"上门板""捆铺草"，是指战士睡在老百姓院内往往要卸下门板并用稻草作铺垫，起床后要整理好。后来发现有战士搜俘虏的私人财物，或在有女性群众的小河里洗澡，毛泽东又加上了两项注意，即"不搜俘虏腰包"和"洗澡避女人"。

著名的"三大纪律八项注意"就此基本形成。由于环境的变化，其中某些具体内容后来也有所变化，但基本精神却是一贯的。

看一下"三大纪律八项注意"，内容多是些说话和气和涉及买卖东西、借还物品之类的小事，这却是人民军队本质的体现，它的内涵已不是一个简单的行为规定，而是一个关系到战略、策略和政策的大事。人民军队在二十多年的战争环境中，所到之处都以自己的行为感动了驻地的群众。"哪家住红军，灶里有柴烧，缸满院扫净"的优良作风，在后来几十年间一直发扬了下去。

1928年4月，朱德、陈毅率领南昌起义剩余部队和湘南暴动的农军到了井冈山，同毛泽东所部进行了历史性的会师。不久，根据中共中央建立红军的指示，井冈山上成立了中国工农红军第一个军——红四军，选择"四"作为序号，也是继承北伐时称为"铁军"的第四军，特别是叶挺独立团的光荣传统。

红四军成立时约5000人，由朱德任军长，毛泽东任党代表，"朱毛"之称从此响彻中华，成为中国革命军队的代称。在湖南平江湘军中任团长的中共秘密党员彭德怀，看到朱毛的榜样就写诗称："惟有润之工农军，跃上井冈旗帜行。我欲以之为榜样，或依湖泊或山区。"他在1928年8月领导发动了平江起义，成立了红五军。接着，彭德怀还率部奔向井冈山，学习毛泽东的建军经验。

老画家何孔德所绘的油画《井冈山会师》，表现出1928年4月毛泽东同朱德率部在山下会师的情景，朱、毛中间的人为陈毅。

几千人的红军在人口稀少又十分困苦的井冈山区，过的是"红米饭，南瓜汤；金丝被（稻草），盖身上"的日子。毛泽东、朱德同大家一样挑粮上井冈，战士没有棉衣时他们一样也只穿两层单衣。打土豪时得到的皮袍子，交给站岗的人轮流穿着。如此破天荒的举动，正如陈毅向中央报告时所述的一副对联所描写：

红军中官兵夫薪饷穿吃一样，

军阀里将校尉起居饮食不同。

这种看似生活小事的举措，却以示范作用发挥出巨大的精神力量。红军能忍受人世间各种艰辛，部队不仅没有散掉，反而越打越强，这就是因为官兵平等，有盐同咸，无盐同淡，战

军旅画家孙向阳油画《排头兵的故事》，表现了上井冈山时毛泽东自己带头站岗队，体现了部队官兵一致的全新面貌。

士虽苦也不抱怨。

此时设在上海的中共中央军委由周恩来负责领导，他把井冈山的经验介绍到各个根据地。在湘鄂西，贺龙、周逸群领导下创建了洪湖、湘鄂边根据地。在大别山区的"黄（安）麻（城）起义"后，当地也创建了鄂豫皖根据地。邓小平、张云逸在1929年末在广西领导了左右江起义，在当地创建了根据地和红军。在方志敏领导的赣东北地区，在琼崖地区，以及巴东地区，都建立了红军根据地。

大革命失败时仅剩的"星星之火"，这时又出现了"可以燎原"之势。

军旅画家张庆涛油画《百色起义》，表现邓小平所领导的广西左右江起义的情景。

老画家许宝中创作的油画《平江起义》，表现了彭德怀于1928年领导平江起义的场面。

老一代画家恽圻苍油画《洪湖黎明》，表现了贺龙率部在洪湖地区创建根据地的壮观场面。

古田会议指南，土地革命奠基

1929年1月，面对国民党重兵"会剿"井冈山，山上又缺少冬衣和粮食，毛泽东、朱德率领红四军主力突围向东进军，进入赣南和闽西，开辟了大片新根据地，成为后来的中央苏区。红军队伍得到扩大时，部队中的一些不良倾向也暴露出来，这又是旧式农民意识和旧军队军阀主义思想的反映。

红军初创时期，部队内实行民主有时会走上另一个极端。有些官兵对上级决议、指示如感到不合意即不愿执行，甚至有过打仗前大家举手表决去不去。井冈山斗争中，红四军第二十九团由湘南暴动农民组成，多数人想家时竟全团通过回乡决议，导致集体跑下山，随之溃散。

除极端民主化之外，重军事轻政治、流寇思想和军阀主义等旧军队思想也在滋长。一些人强调"军官权威"，认为"党太管事了"，并主张"司令部对外"。干部中有些在旧军队待过的人，动不动就对士兵打屁股、关禁闭、滥施肉刑，造成不少人逃跑。后来的《古田会议决议》第七章，就专门列举了"三纵队第八支队部某官长爱打人，结果不仅传令兵、伙夫差不多跑完了，军需上士及副官都跑了。九支队第二十五大队，曾经有一时期，来了一个最喜打人的大队长，群

老画家严敦勋、翁元章创作的油画《大别山农民起义》，描绘了黄安、麻城起义的场面。

众送给他的名字叫做铁匠"。

1929年8月，陈毅化装去上海向中央汇报红四军的情况，周恩来、李立三和陈毅组成一个委员会经共同研究，发出了"中央九月来信"。11月下旬，毛泽东遵照中央指示重新担任红四军前委书记。他针对军队中的错误思想，做了大量思想工作，例如专门找因愿意打人而获得外号"铁匠"的大队长谈话，批评了他爱打人的坏习惯，使这个同志改正了旧的军阀作风，直到最后牺牲都再没有打过战士。

1929年12月28日、29日，红四军第九次党代表大会在上杭县古田村的曙光小学隆重召开，一致通过了毛泽东起草的《中国共产党红军第四军第九次代表大会决议案》，后来通称"古田会议决议案"。

这个决议，首先强调红军必须绝对服从党的领导，批评了单纯军事观点和极端民主化等错误倾向，规定了人民军队政治工作的原则和方法。此前，毛泽东就提出了红军的三大任务——第一，打仗消灭敌人；第二，打土豪、筹款子；第三，宣传群众，组织群众，帮助群众建立工农革命政权。在

何孔德、彭彬、高虹所绘油画《古田会议》，表现了毛泽东在会议上讲话的情形，他左边坐着的是陈毅、朱德。

老画家郑洪流油画《红军上政治课》，表现了当时红军注重政治教育，提高觉悟并严格纪律要求的情形。

古田会议决议中，毛泽东明确规定了红军"是一个执行阶级的政治任务的武装集团"，而不是单纯的军事组织，这也堪称古今中外建军史上的创举。

古田会议决议在废止肉刑、规定不许打骂士兵的同时，还制定了一系列全新的措施。部队内实行党委领导制度，建立强有力的政治工作，并确定了民主集中制等具体原则。古田会议决议的精神经过中共中央推广，全国各地红军也都先后照此实行，从而使红军进一步肃清了旧军队影响，奠定了人民军队建军的基础。

2014年12月，习近平又在福建上杭县古田镇主持召开了全军政治工作会议，又称"新古田会议"。他重申了毛泽东当年强调的革命的政治工作是革命军队的生命线的原则，要求我军始终保持人民军队的本色和作风。当年古田会议的精神，至今对军队建设还有着重大的现实指导意义。

军队的基础是士兵。从上井冈山开始，共产党领导的军队就不发饷（也没有能力发饷），靠什么招兵呢？毛泽东首先实行的创举就是打土豪、分田地，动员翻身农民参军。入伍的翻身农民虽没有薪饷，共产党却给了他们祖祖辈辈盼望的土地，他们要为保卫这一成果而战，这比旧军队花钱雇来的兵要勇敢得多。

中华人民共和国成立后，1955年解放军首次授军衔时有1000多位身经百战的老战士被授予将军，这些人绝大多数都是土地革命时参加红军的农民。首批将军们的籍贯大多集中于几个"将军县"，如红安、兴国、平江、麻城、金寨等县，这里都是彻底实行了土地革命的地方。

毛泽东上井冈山的第二年，于1928年制定了《井冈山土地法》。十几年后他在延安写《〈农村调查〉的序言和跋》中又总结其不足说："在这以前，是没有任何经验的。这个土地法有几个错误：（一）没收一切土地而不是只没收地主土地，（二）土地所有权属政府而不是属农民，（三）禁止土地买卖。"

《井冈山土地法》的不足，是受苏俄革命实行"土地国有制"的影响，即没收地主的田地后属于苏维埃政府公有，只交农民耕种，并不分给他们当成私有财产，当地农民参军参战的积极性自然就不太高。

1929年4月，毛泽东、朱德率领红四军主力从井冈山突围到达了江西南部的兴国县。毛泽东通过进行社会调查，很快制定了一部新的《兴国土地法》。这部土地法有一个最根本的变化，就是打破苏俄模式，不再没收一切土地，只没收地主的田地分给农民。这等于是承认农民的土地私有，是真正意义的"打土豪、分田地"。农民得到了真正属于自己的土地，参军、参战、保家保田的积极性马上就调动起来了。

《兴国土地法》解决了农民的切身利益，兴国县就成了毛泽东表扬的创造了"第一等工作"的苏区模范县，后来也是全国最有名的"将军县"之一，共出过54名开国将军。这个仅有28万人口的县，有8万人参加红军。红一

井冈山市纪念馆中"插标分田"的雕塑，表现了当年打土豪后向农民分田地的情景。

冯法祀于1951年创作的油画《兴国调查》，表现了毛泽东通过调查制定了新的正确的土地法，从而发动起广大群众。

方面军开始长征时，8万红军中有2.7万是兴国县人，经过二万五千里长征，到达陕北的只有2000人，等于每长征一里就损失一名兴国县人。

在全国第一"将军县"的湖北黄安县，农民也是因为分到土地，而踊跃参加红军、赤卫队。黄安县后来改名红安县，的确是多少万人用鲜血染红的。红安县参加红军的有5万人，牺牲的干部、战士和群众共14万人。这个县后来出了解放军的61个将军，出了202个省军级干部，出了两任共和国的国家主席——董必武、李先念。

许多研究红军历史的人认为，看一看兴国县、红安县，就知道"打土豪、分田地"这一政策的威力，就会知道土地革命有何等的坚韧性！

毛泽东通过土地革命，创造了养兵、训兵、带兵、用兵的全新方式，终于建立起一支虽以农民为主体，却由无产阶级领导（通过共产党）的新型革命军队。土地革命，农民战争，再有共产党的领导，这三者相加就构成了中国革命战争的基本内容，这也是在革命战争年代共产党建设人民军队的三个基本条件。

在发动土地革命、农民战争和实施共产党的领导这三个方面，毛泽东都做出了全党公认的无可比拟的杰出贡献，自然就成为最高统帅。改革开放开始后，邓小平还深刻地总结说："没有毛主席，至少我们中国人民还要在黑暗中摸索更长的时间。"

全新战略战术，一再粉碎"围剿"

中国共产党人在井冈山、大别山、湘鄂西等地创建军队时，四面是一片白色恐怖的包围，国民党新军阀实施"进剿""会剿"的兵力占绝对优势。在"敌军围困万千重"的严峻斗争中，如果按照旧式战略战术同敌人打"堂堂之阵"，弱小的红军势必很快会被消灭。这时毛泽东开始探索能够以弱胜强的特殊战略战术，中心就是要解决走路与打仗的关系。

毛泽东上井冈山之前，当地曾有过一个外号叫朱聋子的"山大王"。他对付官军有一套经验，那就是"不要会打仗，只要会打圈"。官府派兵来"围剿"，他利用熟悉地形的有利

井冈山纪念馆中晏阳等人创作的油画，形象地反映了红军以游击战灵活机动地打击"进剿"之敌。

1931年11月中华苏维埃共和国成立时中央局成员的照片。右起：王稼祥、毛泽东、项英、邓发、朱德、任弼时、顾作霖。

条件打圈周旋，总能保存自己的实力。

　　毛泽东学习了朱聋子的战法，思想上却远远高于朱聋子。朱聋子毕竟是一个胸无大志、只想当"山大王"的绿林好汉，他的"打圈"总是消极躲避苟安一时，毛泽东从扩大军队、武装夺取政权的目标出发赋予"打圈"新的内容，提出我们要把朱聋子这句话改一下，改为"既要会打圈，又要会打仗"。打圈，是为了避实击虚，迷惑敌人，摆脱敌人的追击，并迫使敌人暴露出弱点；打仗，是为了战胜敌人，消灭敌人。毛泽东还以中国民间通俗的语言风趣地比喻说：我们打仗，好比雷公打豆腐，要专拣软的欺；打仗又好比做生意，赚钱就来，蚀本就不干，打得赢就打，打不赢就走。

　　"你打你的，我打我的，打得赢就打，打不赢就走"这句话，从此成为毛泽东对战略战术的高度概括。

　　红四军军长朱德在创造红军的游击战术方面，也发挥了重要作用。他出身于云南讲武堂，起初所学所用的都是正规战法。不过他指挥滇军在川、滇边境剿灭土匪时，认为原来那套正规战术不灵，积累了山地游动攻击的经验。上井冈山后，朱德仔细研究敌我双方的作战特点，带领部队改进作战方式，发展了游击战术。

毛泽东和朱德等人一起总结经验，提出了"敌进我退，敌驻我扰，敌疲我打，敌退我追"的十六字诀，其总体精神是：从敌大我小、敌强我弱的客观实际出发，利用民众和地形等方面的有利条件，扬长避短，趋利避害，灵活机动地作战，达到以小敌大、以弱胜强的目的。后来红军所实行的战略战术，都是在"十六字诀"的基础上发展而成的。

红军在步步壮大时，也走过曲折的道路，除敌强我弱外，也在于党内一些人对革命战争的长期性缺乏认识而急于求胜。1930年6月，全国红军发展到10万多人，革命根据地发展到大小不等的十几块。此时蒋介石、阎锡山、冯玉祥、李宗仁四派国民党新军阀之间发生了空前规模的大混战。渴望革命速胜的李立三，此时因周恩来赴苏联而主持中央工作，他要求全国各地举行武装暴动，"准备一省或几省首先胜利，建立全国革命政权，成为党目前战略的总方针"。

李立三要求各路红军都攻打大城市，幻想能够"会师武汉""饮马长江"。例如江苏中部（南）通、如（皋）、海（门）刚建立的红十四军，在何坤、李超时、黄火青和刘瑞龙等人的领导下只有2000余人的部

表现井冈山斗争中毛泽东、朱德在一起的雕塑。朱毛携手，在斗争实践中创造并总结出一套有效的战略战术。

苏中地区红十四军纪念馆中的当年领导人的雕塑，中为黄火青。他后来又赴中央苏区任红十四军政委、红九军团政治部主任。

队，处于国民党腹心地带，本应进行游击战。此时他们奉命"截断长江，进攻上海、南京"，不可避免地很快招致全军失败。

贺龙、邓中夏领导的红二军团奉命进攻长沙、武汉的结果，使部队由1万多人减到3000多人，丢掉了洪湖根据地，只好退往鄂西山区。在广西的红七军奉命外出攻城，也由6000人减到2000人，丧失了右江根据地。

彭德怀领导的红三军团，在当时是个例外。1930年7月，他在国民党湖南军阀向平江推进时指挥部队两翼夹击，以仅8000余人破敌3万之众，创造了红军历史上以少胜多的光辉战例。7月27日，红三军团乘敌之虚占领长沙，这是红军第一次占领省会大城市，不过面对敌人重兵反攻，在九天后又被迫放弃了长沙。

根据中央指示，毛泽东、朱德率领红一军团西进会合红三军团，第二次攻打长沙。看到国民党新军阀混战以蒋介石的胜利结束，毛泽东主动率部从长沙城下撤兵，带领红

一、红三军团合组的红一方面军东进返回赣南，巩固了当地苏区。

蒋介石打败国民党内其他对手后，于1930年底调动10万军队对中央苏区实行第一次"围剿"。毛泽东指挥红军采取诱敌深入战术，让各路国民党军深入根据地内，待其兵力分散，再集中4万红军一举全歼了敌头号主力张辉瓒的第十八师万余人，接着在追击中又歼敌半个师，其余敌人狼狈逃出根据地。

不甘失败的蒋介石，相继派出20万、30万军队对中央苏区实施第二、第三次"围剿"，后一次他亲自坐镇南昌督战。红一方面军3万多人仍采取在根据地内作战的方式，使敌连遭失败。毛泽东指挥苏区军民获胜的方法，靠的是实行人民战争，诱敌进入根据地后，红军、赤卫队、群众一齐动员，先袭扰疲惫敌军，使进剿军陷入了被称之为"一入匪区，四面皆敌"的狼狈境地。待敌疲惫后，毛泽东、朱德再指挥部队寻找其弱点，各个击破。采取这种战法会暂时丧失部分地区，如第三次反"围剿"时中央苏区全部县城都一度放弃，却能保存军力，大量歼敌后，又恢复了以瑞金为中心的16个

军旅画家李如《漳州反围剿之战中的毛泽东》画作，表现了1932年夏毛泽东率部出击闽南占领漳州的情景，后面是当时红军缴获的一架飞机。

郑洪流、崔开玺、张文源、艾轩共同创作的油画《红军反围剿的胜利》，在毛泽东身边左右站立的为朱德总司令和叶剑英参谋长。

县的地区，达到"人存地失，人地皆存"的结果。

1931年，鄂豫皖的红军也粉碎了国民党军的连续"围剿"，建立了以大别山为中心的苏区，并成立了第二大主力红军——红四方面军，徐向前担任总指挥，陈昌浩任总政委。

三次反"围剿"胜利后，中共中央决定建立全国性的红色政权。1931年11月7日即"十月革命节"这一天，在赣南的瑞金县城东郊的叶坪举行了中华苏维埃共和国临时中央政府成立仪式，傍晚还举行了盛大的阅兵式和群众游行，可以说这是中国共产党举行的第一次"开国大典"。

中华苏维埃共和国成立时，毛泽东当选为这个全国最高革命政权的主席，人们对他的称呼也变成"毛主席"。当时党内拥戴还不是中共中央政治局委员、只是中央委员的毛泽东为红色政权的最高领袖，就是因为他领导红军取得辉煌战绩并建立了当时国内最大的根据地。苏联和共产国际的领导人对从未去过苏联的毛泽东也非常重视，也是因为战争实

1931年11月7日，中华苏维埃共和国临时中央政府在江西瑞金成立，毛泽东当选主席。"毛主席"这一称呼就此响彻中华，成为中国革命力量的代表。

践证明他是正确的。

　　此时，日本已经在"九一八"之后发动了侵华战争，蒋介石政权却本着所谓"攘外必先安内"的方针，对日本侵占东北奉行"不抵抗"。1932年和1933年，南京国民政府又同日本签订了屈辱的《上海停战协定》和在华北停战的《塘沽协定》，集中力量继续"围剿"红军。

　　1932年夏，红一方面军主力在毛泽东率领下东进占领福建漳州，扩大了红军的影响。此时蒋介石决定暂对中央苏区取守势，先消灭鄂豫皖、洪湖苏区，并亲自兼任鄂豫皖"剿匪总司令"，指挥30万军队围攻当地的红四方面军。因中共鄂豫皖分局书记张国焘实行"极左"政策，军事上搞硬打硬拼，红军主力未能打破"围剿"，被迫突围西进，只留少数部队在当地坚持。1933年初红四方面军1万多人入川时，正值四川军阀内部混战，红军打败川北军阀，又以土地革命动员起大批贫苦农民，很快建立了川陕苏区，部队也扩大到8万人。

1933年春天，中央苏区粉碎了国民党军的第四次"围剿"，根据地扩大到21个县，红一方面军（当时称中央红军）发展到8万人以上。国内除中央苏区、川陕苏区的红一、红四方面军这两大主力外，还有十余块较小的红色根据地，这些根据地主要在南方，可在北方的陕甘地区在刘志丹、谢子长、习仲勋等人领导下也建立了根据地和红军。陕甘根据地的建立有着重大意义，长征结束后当地成为丧失了南方根据地的红军的最后立脚点。

自1927年起，中国共产党领导的第二次国内革命战争是

刘国枢油画《红军到川北》，表现了红军到川陕边区时以"平分土地"为号召，得到穷苦群众的拥护。

画家刘宇一描绘的陕甘红军领导人，左起：习仲勋、刘志丹、谢子长。主力红军长征到达陕甘前，他们已经在当地领导开辟了根据地。

依靠土地革命作为基础的，因而也称"土地革命战争"。至1933年夏季，全国苏区发展到约有1000万人口，红军总数有20多万人，达到土地革命战争中的鼎盛时期，不过一场严峻的考验又很快到来了。

第三章

战略大转移，铁流二万里

中国革命战争的征途，走过了一个曲折的"马鞍形"。
1931年以后，南方各红色根据地和红军得到蓬勃发展后，不
仅受到外部反动势力的不断"围剿"，也受到自己内部"极
左"思想的干扰。中国共产党内那些盲目迷信苏联教条的
"左倾"路线的领导者，实行过火的土地政策、工商业政
策、肃反政策，在军事上又采取硬打硬拼，最终导致南方各
根据地都难以立足，红军被迫进入流动转战的长征。经过堪
称中国革命战争史上最艰苦的阶段——万里长征，红军的战
略转移终于在陕甘地区选中了"落脚点"，那里又成为走向
新胜利的"出发点"。

革命几乎陷绝境，遵义会议见光明

中国共产党人在建党建军之初缺乏经验，曾接受了设
在莫斯科的共产国际的领导和援助，一些领导人也盲目地
听从和照搬苏联的教条，后来党内便将那些脱离中国实际搞
"左"的错误的领导人称为"教条主义者"。

早在1931年1月，中共中央在上海秘密召开六届四中全
会，共产国际代表米夫便扶持刚从莫斯科留学回国、还不是
中央委员的王明一步登天成为中央政治局委员，实际成为党
中央的主要领导。同年4月至6月，中共中央政治局候补委员
顾顺章和总书记向忠发相继被捕叛变，王明因害怕遭捕而准
备远走莫斯科，临行前于9月间成立了临时中央政治局，由他
年仅24岁的同学博古（秦邦宪）任总负责，此后王明则在莫
斯科遥控指挥。由于临时中央坚持过"左"的政策，在上海
难以立足，便于1933年秘密搬到中央苏区首府瑞金。

博古在莫斯科中山大学只从事理论学习，回国不久就
被提升为全党总负责，虽有革命热情却缺乏实际斗争经验。
他对打仗是外行，便让共产国际派出的化名李德的德国共产

莫斯科新圣女公墓里埋葬
着的唯一中国人——王明，
此人在1931年成为中共中
央负责人后推行一条"极
左"的路线，照搬苏联模
式，自然在中国共产党内受
到批判。

党员担任顾问。李德原名奥托·布劳恩，在第一次世界大战中只是普通士兵，后到苏联伏龙芝军事学院学习过，却没有指挥过作战，既不懂游击战也不熟悉中国国情。博古却对他奉若神明，让其成为对红军发号施令的"太上皇"。李德只知生硬地引用苏联军事教条，被许多干部批评为"图上作业家"。可惜的是，当时中国共产党内存在着盲目迷信共产国际和苏联教条的倾向，有"外来的和尚会念经"的观念，许多人还一时接受了这个洋顾问的指挥。

　　1933年秋，南京国民政府调动100万军队对红军发动第五次"围剿"，其中50万军队围攻中央苏区。此时中央红军主力部队和地方部队总计不足10万，武器装备主要靠战场缴获，仅有250万人口的中央苏区兵源也不多。在这种形势下，临时中央却根据李德的建议，实行"以堡垒对堡垒"、阵地防御、短促突击的战术，以己之短对敌之长，如同毛泽东所批评的等于是"乞丐同龙王比宝"。

　　此时国民党军吸取了过去长驱直入经常中埋伏的教训，采取步步为营、缓缓推进的策略。敌人进攻前先以飞机轰炸和大炮轰击红军阵地，随后再发起进攻，通常每个上午只前进两三里路，下午便修碉堡。等到天黑时，碉堡就基本修好，红军因没有火炮，反击时就难以攻下来。那个洋顾问李德对红军的要求是"以堡垒对堡垒"，而中央苏区没有钢筋水泥，用木料、泥土搭成的简易工事碉堡连迫击炮弹都挡不住。更何况打阵地防御战时弹药耗多补少，苏区简陋的兵工厂生产的子弹大多不堪用，红军只好命令各前沿部队组织人在夜间到敌军遗弃的尸体上去摸枪支子弹。国民党军队知道后，组织冲锋时故意只给每个士兵发25发子弹，一路冲一路打，许多人被打死时枪已经是空的。至长征前，红军平均每支枪只有20发子弹，除集中给机枪使用外，每支步枪仅能配备10

沈尧伊所绘红军长征的壮观场景。

发左右的子弹。

除军事进攻外,国民党军对中央苏区又实行经济封锁。苏区政府动员群众努力生产,粮食还能够吃,最严重的问题是缺盐少布。过"左"的经济政策将许多商人当成资产阶级予以打击,导致贸易萎缩,许多急需物资难以运进。加上中央苏区青壮年男子大多数已参军,造成了人力、物力枯竭。"极左"的肃反政策又造成内部乱猜疑和乱杀,出现严重的自我削弱。由于"左"的错误在全党贯彻,鄂豫皖、川陕等根据地也出现了几乎同样的状况。

1934年9月,国民党军经过一年推进,用碉堡线逐步压缩,中央苏区面积由21个县缩小到只剩下7个县,按陈毅的形容是"拿梭镖一捅都能戳穿"。这时蒋介石同德国顾问赛克特制定了"铁桶计划"准备总攻,中央红军再不突围就难免全军覆没。

面对危急形势,临时中央下决心同广东军阀陈济棠秘密谈判,利用他同蒋介石的矛盾而在赣粤交界处得到让出的一条通道,于10月中旬领导主力五个军团和中央纵队共8.6万人突围西征。中央红军虽成功钻出了蒋介石的"铁桶",却失去了根据地,陷入无后方游动的万里长征。

中央红军长征时,在瑞金建立了中共中央分局,以项英为书记,并成立以陈毅为主任的政府办事处,坚持原地斗争。留下的部队只有一个主力师,其余是地方的独立团、营,共1.6万人。再加上留下的一些机关人员和伤病员,留守的人员约有3万。面对强敌逼近,陈毅建议迅速分散游击,项英却继续机械地执行临时中央坚守原地区的部署。1935年2月,遵义会议后的中央发来"二月指示",要求改变斗争形式,项英才根据指示决定分散游击,却为时已晚,冲破敌军重围时,红军总政治部副主任贺昌、赣南省委书记阮啸先都力战身亡。赣南军区政治部主任刘伯坚在突围中负伤被俘,写下了《带镣长街行》的壮烈诗篇后慷慨就义。毛泽东的弟弟、赣南独立师师长毛泽覃率30余人冲到瑞金南部山区,被敌发现后战斗到最后牺牲。

项英、陈毅、邓子恢等突围人员分散在粤赣边和闽西等地,开始游击战。陈毅写下的《赣南游击诗》描绘出当时的生活是:"天将午,饥肠响如鼓。粮食封锁已三月,囊中存米清可数,野菜和水煮。"游击队以天当房,以地当床,以草当粮,像野人生活磨炼着顽强斗志,始终没有被敌消灭。长江以北的红二十八军和鄂豫皖边区军民,在红二十五军长征后也坚持了三年游击战争,红旗始终飘扬在大别山上。南

陈其、陈坚油画《南方三年游击战争》,表现了长征时留在根据地的陈毅等人领导游击战的艰苦生活场景。

方红军游击队在湘、赣、闽、粤、浙、鄂、豫、皖这八省的斗争，牵制了国民党军的重兵，有力配合了主力红军长征。

中央红军长征出发一个多月后，红二十五军在徐海东、吴焕先、程子华领导下于1934年11月从河南罗山县出发，向平汉铁路以西转移，开始了一次9000里的"小长征"。同年12月，部队经过激战独树镇这场关键性的一仗，冲破三省敌军堵截进入陕南，此后在这一地区开展游击战争。翌年夏，该部领导人得知红军一、四方面军已会师准备北上，便决定留下部分人员坚持陕南斗争，以主力先到陕北会合当地刘志丹等人领导的红二十六、二十七军，成立了红十五军团，为随后迎接中央红军到来奠定了基础。

中央红军长征开始后，李德依靠地图划定的进军路线几乎成直线前进，加上携带辎重过多，印刷机、兵工机械甚至连伤兵医院的尿壶都带上，大队人马在小路上拥挤，十分疲劳且掉队人员甚多。11月下旬，中央红军抢渡湘江，在蒋、桂、湘三派军队的联合夹击下以甬道式掩护方式保卫机关过江，因行动迟缓，虽最后冲出封锁却损失惨重。彭德怀看到这一情景，气愤地仰天长叹：这样抬着"棺材"走路，哪像

骆根兴所绘《血战独树镇》油画，表现了徐海东、吴焕先、程子华等人率红二十五军长征后英勇拼杀的场景。

张庆涛油画《湘江之战》。

是打仗的样子？

　　湘江一战，是红军战史上损失最大的一仗。中央红军在此前突围时已经损失了两万余人，此仗又损失3万余人，只剩下3万多人进入贵州。

　　中央红军在湘江经历了突围以来最惨烈的一仗，使部队对"左"的错误的不满情绪达到了顶点。此时博古无力领导下去，李德也灰心丧气地说自己只是顾问，对失败不能负责。惨痛损失唤来了清醒，党内、军内普遍回想起在毛泽东领导下粉碎敌军一次次"围剿"的胜利，迫切希望他能再出来领导，这些呼声为随后遵义会议的召开创造了条件。

　　1935年元旦后，中央红军利用贵州军阀集中兵力守贵阳，黔北兵力相对空虚，一举突破乌江，随后占领了黔北最大城市遵义。1月中旬，中央政治局在此召开了政治局扩大会议。会前，张闻天、王稼祥已在行军路上同毛泽东达成了一致意见，认为必须改变错误领导。遵义会议开始后，张闻天和王稼祥便站出来支持毛泽东，为开好会议起了关键作用。

　　在遵义会议上，张闻天根据事先与毛泽东、王稼祥共同商量好的意见，批判了博古、李德从反"围剿"一直到长征出发后的错误军事指挥。接着，毛泽东发言批评李德说，这个外国人只知道纸上谈兵，不考虑战士要走路，要吃饭，也要睡觉，也不问走的是山地、平原还是河道，只知道在战略图上用笔一划，限定时间打，当然打不好，这实际上是一种瞎指挥。

在会上，周恩来主动以高风格承揽责任后，也称赞毛泽东的正确。结果，到会的二十余名领导同志除了一人支持博古的意见外，其余全都支持毛泽东。周恩来提议毛泽东应该出来担任党的领袖，这也是众望所归，毛泽东却以身体不好推辞。最后遵义会议决定，毛泽东协助周恩来指挥军事，事实上便形成了毛泽东对红军的领导。

遵义会议是第一次完全由中国共产党人独立自主召开的重大中央会议，没有经过共产国际批准，会议上只有一个外国人李德到会，不仅不是代表，还成了受批判的对象。中

沈尧伊《遵义会议》画作，毛泽东左侧为张闻天，右一角落中的人是李德，右二为林彪，右三是邓小平。

孙立新油画《我们一定会
回来》。

国共产党人能独立决定自身的事务,首先在于自身已经能够
成熟地处理国内问题,从而探索出一条合乎本国特色的革命
道路。从历史进程看,遵义会议召开前,中国革命力量在盲目
照搬苏联模式的"左"的错误干扰下,已陷入生死存亡的危
急关头。遵义会议的伟大意义,在于改变了错误的领导,确
立了毛泽东在全党全军的领导地位,从而挽救了革命,挽救
了党和红军。

四渡赤水出奇兵,雪山草地历艰险

遵义会议后,中央红军在毛泽东的指挥下实施机动作
战。面对敌军重兵围追堵截,从1935年1月到4月红军取得了
四渡赤水的胜利。这次战役是由毛泽东亲自指挥,并在周恩
来、王稼祥等人协助下进行的。

此时国民党军调动了中央军和云、贵、川、桂军阀部
队近30万人,对只有3万余人的中央红军实施拦截、追击,
并一再试图形成合围。蒋介石又认定共产党部队已是"流
寇",没有地盘立脚,只要围住就能消灭。毛泽东用兵之
奇,就在于出敌不意,善于以佯动来调动敌人,在敌缝隙间

孙向阳、申根源、梅肖青等
创作的油画《四渡赤水》。

灵活机动，穿插自如，最后将敌军拖得疲惫不堪，跳出包围
圈成功渡过了长江。

1935年1月中旬，红军在遵义完成了12天休整，压缩了非
战斗人员而充实作战部队，一些随军民工也予以遣散，丢掉
大量坛坛罐罐。城内被服厂也昼夜开工，为部队每人补充了
一套新军衣，全军轻装，面貌焕然一新。

红军到达遵义前，曾计划以黔北为中心创造根据地。到
达当地后看到的是"鸦片多、粮食少"，男性大量抽大烟而
不利于动员参军和组织生产，国民党中央军追兵又已逼近，
中共中央便决定北渡长江同红四方面军会合，争取在成都之
西南或西北建立根据地。

中央红军北上后，在土城遇川军拦截，因事先轻敌而出
现作战不利，在周围敌军逼近时终于找到空隙一渡赤水河，
进入滇东北和川南交界处。看到北渡长江困难，2月下旬中
央红军突然东返，二渡赤水河进入黔北，攻占遵义北面的门
户娄山关。当时敌军凭借山险据守，红军冲锋后沿小路奋勇
向险峻的山峰冲去，守敌惊呼"没见过这种不要命的打法"，
丢弃阵地而逃。红军击溃了遵义城外的黔军又重占遵义，接
着迎击中央军吴奇伟纵队两个师，将其主力大部歼灭。当红

全山石油画《娄山关》，表现了在娄山关战斗后毛泽东、周恩来、朱德指挥部队再次向遵义前进的情景。

军追至乌江边时，已逃过江的吴奇伟在惊慌中下令砍断浮桥，留在江北的1800余人因无路可逃，全部缴械当了俘虏。

娄山关—遵义一仗，红军把运动战的特长发挥得淋漓尽致，缴获了大批军用物资，部队弹药在出征后也首次得到了补充，是长征以来最大的一次胜利。飞往贵阳督战的蒋介石，对此也哀叹是"国军追击以来的奇耻大辱"。毛泽东在战斗间隙曾即兴赋词《忆秦娥·娄山关》，写下了豪迈的词句："雄关漫道真如铁，而今迈步从头越。"

由于蒋介石调整部署，形成了新的包围圈，红军再占遵义11天后，于3月11日再次撤离该城西进，转而进攻鲁班场。驻守当地的中央军战斗力较强，红军攻击不利，便放弃在黔北建立根据地的计划，向西北方向前进，第三次渡赤水河进入川南，其目的是调动敌军。蒋介石根据飞机侦察，判断红军准备渡长江，下令中央军和川军各部追击。结果红军虚晃一枪后迅速再次调头向东，在敌军的间隙中穿过，四渡赤水后迅速向南渡过乌江，兵锋直指贵阳。

此刻蒋介石正在贵阳坐镇指挥，城内只有一个团，他急忙调滇军前来保驾，没想到红军又乘虚进军云南。滇军因主力已东调，红军未遇抵抗，便迅速通过云南北部渡过金沙江。

经过四渡赤水，红军将国民党军几十万追兵全部甩在后面。有人形容此时的红军如神龙在天，见其首而不见其尾，把蒋介石和他的高级幕僚玩弄于掌股之间。毛泽东在军事指挥中演出"奇幻"的话剧，根据敌情的变化灵活用兵，与长征初期不顾敌情一味死打硬拼形成了鲜明的对比。四渡赤水所展现出的高超的指挥艺术，也使这次行动成为战役指挥的经典之作。

1935年5月初，中央红军渡过金沙江，仍处于北有天险大渡河、南有滔滔金沙江的险境。鉴于国民党中央军薛岳部已渡金沙江尾追而来，红军只有经过大凉山彝族区北上。此时彝族聚居区还处于奴隶社会，加上反动统治阶级的民族压迫政策造成的隔阂，此前汉族军队想通过彝区几乎不可能，太平天国石达开部就是在此地全军覆没。当时蒋介石叫嚷"要让朱毛做第二个石达开"，而红军却顺利通过彝区并强渡了大渡河。

红军能通过彝区，关键是实行了正确的民族政策。部队接近彝区前，先把冕宁县城内黑牢中被官府关押作为"人质"的彝民囚犯放出来，说明红军是仁义之师，并下令不许对拦路的彝民开枪而只做说服，终于感动了当地首领和群众。5月22日，在冕宁县城以北，红军总参谋长刘伯承和彝族首领小叶丹举行了结拜为兄弟的仪式，红

沈尧伊画作《彝海结盟》，表现了刘伯承与小叶丹结拜为兄弟的场面。

军得以在三天内全部通过彝区。

5月24日，担任先遣队的红一军团第一师第一团在团长杨得志率领下，急行军80余公里，首先赶到大渡河安顺场岸边。由于只夺到一条小船，红军以17名勇士组成了渡河奋勇队，在迫击炮和重机枪掩护下冲向对岸，奇迹般地战胜有一营之众的守军，控制了渡口。

夺取安顺场渡口后，红军发现水流太急无法架桥，追兵又接近，军委紧急决定以红二师第四团为先锋，夺取安顺场北面约160公里处的泸定桥。红四团以一天一夜冒雨急行军120公里，中途还经过几次小战斗，有如此惊人的行军速度，称其为"飞夺泸定桥"实不为过。

红四团到达泸定桥西侧时，却发现桥面木板已被敌拆去，只剩下13根寒光闪闪的铁索，敌川军一个团在对岸桥头已筑好工事。红四团在团长王开湘、政委杨成武指挥下，以22名共产党员和积极分子组成突击队，在各种轻重火器掩护下攀着铁索向河对岸前进，后面一个连则跟随铺木板。看到这一情景，对岸川军惊恐万状，加上南边又有从安顺场渡河的红三团发起进攻，守桥兵在桥头燃起大火后逃窜。红军突击队马上冲过火海，夺占了对面桥头，在攻

李如油画《强渡大渡河》，表现了红军十七勇士在安顺场以一条小船强渡大渡河的英勇形象。

刘国枢油画《飞夺泸定桥》，表现了红军攀铁索桥前进的英勇场面。

军旅画家孙立新油画《走过岷山》，表现了中央红军经过雪山的情景。

击中仅损失了三人。毛泽东写下的"大渡桥横铁索寒"的诗句，正是对红军非凡英勇精神的写照。

1935年6月，中央红军抢渡大渡河后，北进途中又有高耸云端的大雪山——夹金山挡住了去路。时经万里远征，不少指战员体质已很差，时值盛夏时节，大家没有能够御寒的棉衣。在高度严寒和极度缺氧中，若有人因疲劳不自觉地停下来歇一歇，往往就会永远躺倒在雪山上再也起不来。靠强有力的政治鼓动和相互帮助，过山时大家靠运动取暖而不停歇，红军终于翻过了雪山，不过也付出了一些牺牲。一些领导人也因衣着单薄而患病，如周恩来下山即得了大病，几乎病危；朱德也患了气管炎。

中央红军两万余人翻越了高耸云端的大雪山，于6月间同有8万人的四方面军在川西的懋功会师，中央红军又恢复了一方面军的番号。此前红四方面军的领导人张国焘对革命前途悲观，让部队放弃了川陕苏区向西长征。两军会合后，他又同毛泽东为首的中共中央就发展方向发生了争执，这又关系到红军的生死存亡。张国焘一心想避开国民党军主力，提出南下川康在少数民族区建立根据地，若照此实行，红军只会被困在荒凉地区，粮源、兵源都无法解决，还会脱离全国的抗日形势，只有北上抗日前线，共产党和红军才有发展前途。

经过中央说服，张国焘勉强同意北上甘肃，却因此前的争论拖延了行动时间，蒋介石嫡系中最精锐的第一军胡宗南部抢先控制了川西北的松潘大道。毛泽东认为：敌人判断红军会东出四川，不敢冒险横跨草地，北出陕、甘。与其用千万红军战士的生命，到胡宗南的屠刀下讨一条通道，不如向大自然闯出一条生路。1935年8月间，红一、四方面军进行了通过川北至甘南之间的水草地的艰难行军。

红军过草地前，部队想尽一切办法筹来青稞制成炒面。有些人来不及磨面就带着上路，途中一颗颗数着麦粒吃，尽量节省。不少战士处于半饥饿状态行军，极易生病，而在草地患重病不能行走往往就意味着死亡。在过草地的七天里，许多人感到终日脚是湿的、衣服是湿的，到了宿营地后地是湿的、柴草是湿的。夜晚太冷，第二天一早起来，往往会看到草地上长眠着一些战士。张闻天的夫人刘英后来在回忆录中说：红军过草地时的牺牲最大，走出草地后，"我觉得仿佛是从死亡的世界回到了人间"。

红军分左、右两路军通过草地后，国民党中央军第四十九师进入包座进行拦截。经红四方面军总指挥徐向前、政委陈昌浩提议和毛泽东同意，四方面军部队在8月29日发起包座战斗，歼敌5000多人。残敌败逃时放火焚烧了辎重，战士们冲

老画家董希文油画《红军过草地》，表现出当时的艰难情形。

进火海时纷纷抓起烧焦的粮食塞进口中狼吞虎咽，可见部队是在忍饥同敌激战。包座之战是红一、四方面军会师后的第一个大胜仗，不仅使红军在极端困难的情况下得到了缴获补充，也扫除了进军甘南的障碍。

林岗、庞涛油画《峥嵘岁月》，表现出朱德总司令率部过草地的情景。

包座战役后，张国焘却变卦反对北上，率四方面军的部队南下。毛泽东马上和张闻天、博古和病中的周恩来磋商，率中央纵队与红一、三军8000余人单独北上。红军北上和南下的争执，随后由事实做出了最好的回答。北上的红军得到大发展，红四方面军退到荒凉的川西和西康藏区后很难得到供应，部队减少到4万余人，广大指战员也认识到北上的正确，张国焘

军旅画家孙浩油画《包座大捷》，表现了红四方面军在包座歼敌一个师大半，为中央红军打开北上通道的场面。

本人也不得不北上。他到延安后受到批判，竟只身投奔国民党，彻底落得个孤家寡人的下场。

中共中央通过草地后，突破腊子口，进入了甘肃中部地区，随后向陕北前进。历史证明，红军虽然在艰苦行军中付出了相当的代价，却迎来广阔的发展天地。爬雪山、过草地是长征中最艰难的行军，也是人民军队艰苦卓绝奋斗精神的突出典范，此后一直激励着全国军民以"万水千山只等闲"的气概去战胜一切强敌，挑战自然界的困难。

三军过后尽开颜，革命又有新起点

中央红军北上部队改编为陕甘支队进入甘肃后，在哈达铺休整时从报纸上证实了陕甘红军还在活动的消息，也得知徐海东等人所率的红二十五军也到了陕北。第二天，党中央在哈达铺开会，毛泽东提出应东进陕北，得到了全体拥护。

1935年10月19日，中央红军陕甘支队长征到达陕北吴起镇，看到当地有"苏维埃政府"的牌子，指战员们激动得热泪盈眶。当地群众知道是"亲人"来了，给他们端上热饭，请进家休息，伤病员也被送到地方医院和可靠群众家医治。经过长征艰苦转战的红军都兴奋地说："到家了！到家了！"

此前一年的长征途中，红军因强敌追击几乎得不到休整，在敌区也难找到群众送粮食、抬担架支援，部队反映最难办的是伤病员无法安置，许多人抱怨"不怕牺牲怕受伤"，一人受伤要几人抬，严重增加了部队负担。后来实行轻伤员和一般病号跟着队伍走，对团级干部以下的重伤员、重病号给些银元放在老百姓家中，结果有不少被敌追兵和反动民团杀害。部队减员大而补充不多（临时动员参军者多数跟不上队伍），中央红军主力到陕北时只剩6000人。

画家沈尧伊《长征之路》，形象表现出红军不怕远征难的壮观场面。

中央红军到达陕北后，马上同当地的红十五军团会合，重组红一方面军，兵力虽然只有1万多人，却在东征山西和西进宁夏中取得重大胜利，扩大了陕甘宁根据地，主力红军和地方红军在一年间又发展到近3万人。

中国共产党在遵义会议后形成了以毛泽东为核心的中央领导，纠正了过去"左"的错误，1935年12月的瓦窑堡会议上又确定了实行抗日民族统一战线的新政策。红军同陕甘的东北军、西北军都建立了统战关系，暗中实现了停战，同国内其他一些实力派也进行了合作的商谈。1935年12月，北平爆发了爱国学生要求抗日的"一二九运动"。这一运动迅速扩大到国内各城市，"停止内战，一致对外"成为全国各界的普遍呼声。蒋介石在坚持"围剿"红军时，也开始秘密同中共接触并表示了和谈意向。

中央红军到达陕北，红四方面军转入川康边区，湘鄂西一带的红二、六军团就成为南方最后的一支红军主力，蒋介石将其视为"心腹大患"。面对国民党军20余万兵力发动的新"围剿"，只有1.7万人的红二、六军团在任弼时、贺龙、关向应、萧克等人率领下于1935年11月19日由湖南桑植出发，也开始了长征。

红二、六军团长征时全部轻装，采取前进一段再休整一段的方式，不断补充损失。1936年春夏之交，该部在乌蒙山区被10万人以上的国民党军包围，但采取山中周旋的方式跳出包围，于7月初到甘孜同红四方面军会师时还保留了1.4万人。甘孜会合后，根据中共中央命令，红二、六军团和原在红四方面军之第三十二军（原一方面军的九军团）组成第二方面军，贺龙任总指挥，任弼时任政委，关向应任副政委，萧克任副总指挥。二方面军成立后，朱德、任弼时、贺龙等人通过对张国焘的耐心说服和适当斗争，加上红四方面军干部也大都不愿留在藏区，最终使得红二、四方面军能够并肩北上，通过草地进入了甘肃地区。

1936年9月，红二、四方面军进入甘南，遇国民党中央军胡宗南等部又西进实施拦截。10月7日红一方面军西方野战军同红四方面军在甘肃会宁实现了会师，10月9日红军总司令朱德和总政委张国焘也率领红军总部到达会宁。10月22日，红二方面军也冲出国民党军的精锐胡宗南部的包围，同前来接应的红一方面军在宁夏将台堡会师。

到达陕甘宁苏区时，红二方面军还保留有1.1万人。毛泽东接见贺龙时称赞说："二、六军团在乌蒙山打转转，不要说敌人，连我们也被你们转昏了头，硬是转出来了嘛！出贵州，过乌江，我们付出了大代价，二、六军团讨了巧，就是没有吃亏。你们一万人，走过来还是一万人，没有蚀本。"

红四方面军3万多人到达甘肃北部时，又以两万余人组成西路军西进河西走廊，准备接通与苏联联系的"国际路线"。由于部队缺少弹药，加上以汉族为主的红军难以在少

李如油画《延安的阳光》，表现了毛泽东同脱险归来的红四方面军总指挥徐向前在一起。对徐向前的高超指挥艺术，毛泽东一直给予高度评价。

数民族地区建立根据地，西路军苦战半年，最后遭受失败，只有少数人突围到新疆。红四方面军没有西进的两个军1万多人保留了下来，成为后来大发展的重要力量。

1936年10月红军三大主力会师，标志着长征最后结束。接着，中共中央成立了统一指挥全军的军委主席团，毛泽东任主席，周恩来、张国焘为副主席。这时的毛泽东，才成为真正意义上的全军统帅。三个方面军以及陕甘的红军都衷心拥护他，恰恰因为实践证明他的领导是正确的。

三大主力在甘肃、宁夏边界会师时，毛泽东还在陕北，张国焘在干部中已威信扫地，周恩来便出面统一协调三个方面军的作战，彭德怀以前敌总指挥身份到第一线具体指挥。红军三大主力协调行动，在山城堡消灭了追击而来的胡宗南部一个旅，迫使其他敌军后撤，使部队在此后有了几个月的休整期。

红军到达陕北后，毛泽东要求重开红军大学，并一再到红军大学讲课。这些讲稿后来整理出来，便是代表毛泽东军事思想正式形成之作——《中国革命战争的战略问

李明峰所绘油画《西路军妇女独立团血战》，表现了西路军在河西走廊同马步芳匪军激战的场面。

红军三大主力会师后，1937年春天毛泽东同张国焘在一起合影。此时中央虽批判了张国焘的错误，却仍留他在中央，但此人自己后来叛党。

题》。这部著作，总结了红军十年战斗的丰富经验，阐述了中国革命战争的特殊规律，中国共产党有了带有自身特色的军事理论。

三大主力会师后，红军三个方面军的师以上干部大都轮流到红军大学学习，听毛泽东等人授课。过去他们大都身经百战，却缺乏系统的理论学习。到红军大学坐下来集中精力学了中国革命战争的经验总结，再同亲身经历的实际相对照相结合，马上有了一个思想认识上的飞跃，大家终于掌握了中国革命战争的特殊规律，明确了在中国这块土地上应该怎样根据中国的实际情况来打仗。

经过艰苦的长征，这时红军的人数大大减少了，力量却更强了。毛泽东到达陕北后曾说，中央红军从江西出发时，是8万人，现在只剩下1万人了，留下的是革命的精华。

1937年初，西北地区的主力红军和地方部队相加总计有7.4万人，其中红一、二、四方面军经历过长征的骨干相加不过3万人，其他的人大都是在陕甘宁吸收的人员。此时的红军经过千锤百炼，有了正反两方面的丰富经验，长征过来的骨干更是宝贵的革命精华。

长征一结束，新局面就开始了。中国共产党根据国内阶级关系变化的实际状况，调整了对国民党的政策。1936年4月，周恩来同东北军首领张学良在延安会见，达成了共同推动国内和平、一致抗战的共识。同年9月，中共中央在党内指示信中明确将党的方针由"反蒋抗日"变为"逼蒋抗日"。同年12月12日，张学良、杨虎城两位爱国将领把亲临西安督促"剿匪"的蒋介石扣留，通电全国提出了和平解决西安事变的八项政治主张。中共中央派以周恩来为首的代表团到西安，蒋介石在同意停止内战后被释放。以西安事变的和平解决为契机，国共两党摒弃了历史仇怨再次携手，终于在抗日战争爆发后不久实现了第二次国共合作，促成了全国范围的抗日民族统一战线的建立。

画家吴云华油画《周恩来与张学良在延安》，表现了1936年4月双方会谈的情形。

西安事变和平解决后，中国共产党提出：如果国民党停止内战，将一致对外定为国策，中共愿保证实行停止武力推翻国民党政府的方针；工农政府改名为中华民国特区政府，红军改名为国民革命军；特区实行彻底的民主制度；停止没收地主土地的政策，坚决执行抗日统一战线的共同纲领。这几项保证是对国民党的重大让步，这种让步是有原则的，也是必要的。

1937年上半年，红军在北方的主力同国民党军基本实现了停战，蒋介石在同周恩来谈判时却拒不涉及南方红军改编的问题，同时密令南方各省"务必乘中央与共方谈判之机，消灭共方之武力与地方组织"，想造成南方红军已不存在的既成事实。

由于蒋介石推行"北和南剿"的方针，1937年上半年南方游击根据地的反"清剿"战争进入了最残酷激烈的阶段。因为前一年夏天发生了"两广事变"，即蒋介石同广东、广西军阀的对抗，接着又发生"西安事变"，"清剿"南方红军游击队的国民党军主力一度大都撤走，多数游击根据地又得到发展，部队扩大了一倍多。有些领导人认为内战很快会停止，放松了警惕，结果在国民党军集中重兵加强"清剿"时根据地又遭受严重损失，重新挂出牌子的苏维埃政权再度被摧毁。不过南方红军游击队在进行最后的激战中仍保存了许多力量，其骨干退进深山中并未被消灭。

1937年7月上旬，"卢沟桥事变"爆发，蒋介石要抽兵到前线，在江西省内只留下八个保安团，不得不停止对南方红军游击队的进攻，同中共中央代表谈判时也承认这些游击队的存在，并同意改编其为抗日队伍。为挽救民族危亡，坚持战斗在南方八省的游击健儿根据中共中央的指示，同意与国民党当局达成协议，有1万余人下山集结，后来编为新四军。

红军进行的南方三年游击战争，与红军长征、东北抗联在深山雪原中的奋战一起，并列为中国革命战争中最艰苦的三次斗争，留下了英勇奋斗的最光辉典范。

在世界历史上，万里长征同万里长城并列为中国人创造

彭才年、朴学成油画《邓子恢下山谈判》，表现了南方红军游击队的代表下山到龙岩同国民党军谈判达成停战的情景。

的震惊世界的奇迹，也是中华民族坚韧不拔、顽强奋斗的意志象征。红军在征途中战胜艰难险阻的勇气和表现，也长久受到国际上许多人的推崇，甚至能超越意识形态。1975年美国国务卿基辛格访华时，这位在意识形态上反对共产主义的人士就专门向长征英雄致敬，认为这是一次"人类意志极限挑战"的英雄行动。

中国革命的奋斗历程艰难曲折，红军长征是其中一个最重要的转折点。此前"左"的错误把革命几乎引向绝境，南方根据地全部丢弃，相当于损失了90%的根据地，白区的党组织也几乎被破坏殆尽。通过长征，中国革命在"山重水复疑无路"后迎来"柳暗花明又一村"，全党从此在正确的领导下由低谷走上了辉煌的高峰。

第四章

抗战为先驱，挺进敌后方

中国人民进行的以反帝、反封建为宗旨的民主革命，除了同勾结外国列强的本国封建军阀豪绅进行长期浴血战斗，也要直接同帝国主义的军队作战，抵抗日本侵华的抗战就是其中的重要篇章。中国的抗战从1931年"九一八"起连续进行了十四年，前六年属于局部抗战，从1937年起又进行了八年全国范围的全面抗战。国民党掌握国家政权和庞大的军队，在日本进攻面前却丢失了占人口一半以上的国土；共产党领导的军队虽力量弱小却在抗日战争中充当了先锋队和中流砥柱。抗战期间，八路军、新四军实际上担负着民族、民主革命的双重任务，除了在敌后开展广泛的游击战牵制了大量的日军外，又在开辟根据地时打击本国的反动黑暗势力，为抗战胜利后建设一个光明的新中国奠定了基础。

抗战逐步扩大，红军实行改编

　　日本侵华战争有一个逐步扩大的过程，中国的抗战也从局部地区最终发展到全国范围。明治维新后的日本推行对外扩张的"大陆政策"，此后将"征服满蒙""征服支那"（"支那"即日本对中国的蔑称）"征服世界"这三步作为国策。自发动甲午战争、参加八国联军和进行日俄战争后，日本已侵占了中国的台湾和旅顺、大连，并在南满和华北建立了"关东军"和"北支那驻屯军"。由于帝国主义列强之间在华利益存在矛盾，日本在1922年以后还一度承认"各国利益均沾"的原则。进

日本将侵占中国东北的战争称为"满洲事变"，当时的画刊又称这是"日支（那）交战"，等于承认是对华不宣而战的行为。

入1931年后，日本看到世界性的经济危机让西方国家无暇顾及远东，便在同年发动"九一八事变"，出动两万余人的关东军突然袭击沈阳、长春等城市。

国民党新军阀在1928年末以"东北易帜"（即承认归顺南京政府）宣布名义上的全国统一，但各派之间仍混战不止，张学良指挥的东北军主力20万人也入关参战，不过在东北还留下17万正规军。日军发动"九一八事变"时，南京政府要求不抵抗，口号是"彼有强权，我有公理"。这种屈辱求和并声称"攘外必先安内"的妥协政策，得到的只是日军轻易占领全东北的结果。

日本对华虽未宣战，在"九一八事变"后实际已开始了侵略战争，中国共产党在国内最先号召奋起抗战。9月19日即日军占领沈阳后，中共满洲省委就发出武装抵抗的号召，中国共产党领导的中华苏维埃共和国也在1932年正式对日本宣战。

全山石等人创作的油画《义勇军进行曲》，表现了自"九一八事变"后中国军民进行抗日斗争的壮观场面。

从1931年末至1933年春，东北兴起了抗日的义勇军运动，表达了广大人民不承认日本炮制的"伪满洲国"。1935年由中共党员田汉、聂耳作词谱曲的电影《风云儿女》的主题歌，也被命名为《义勇军进行曲》，"起来，不愿作奴隶的人们"的歌声，此时成为中华民族的最强音。

在东北兴起的义勇军虽一度达30万人以上，却缺乏统一的组织领导，内部关系多为落后的封建结义和帮会性质，面对日军精锐的军事力量，很快就多数溃散。从1932年起，中国共产党在满洲开始组织抗日武装，只有这种具备了先进阶级领导、有高度政治觉悟和严密组织的抗日游击队才能坚持长年的武装斗争。通过学习关内工农红军的建军经验，中共领导的东北人民革命军逐步壮大，建立起杨靖宇为军长的第一军、王德泰为军长的第二军、赵尚志为军长的第三军、李延禄为军长的第四军、周保中为军长的第五军。1936年1月，为团结东北各阶层一同抗战，东北人民革命军改名为东北抗日联军，并先后建立了11个军。抗联部队至1937年时发展到约有4万余人，其中有一半左右是中共建立和直接领导的队伍，约一半是接受中共领导却仍保持旧式武装性质的"统战部队"。由于受共产国际强调只团结东北各阶层指示的影响，抗联没有实行土地革命，没有在活动地区建立政府和革命的群众团体，结果未能建立起真正可靠的根据地。

东北抗日联军的游击区，最盛时相当于东北面积的近一半。在游击活动最频繁的1935～1936年两年内，抗联同日军进行的战斗达1891次，此外又同伪军进行了2000多次战斗。虽然战斗规模都不大，却使日军和伪满当局不得安宁。1938年以后，日本关东军为巩固其战略后方，加强对苏战备时又不断同伪军一起进行"讨伐"战。尤其是"日满"当局在抗联活动区实行了"大并屯"，把边远山地的几百万老百姓

骆根兴油画《抗联露营》，表现了东北抗日联军在冰雪山林中极为艰苦的斗争生活。

都集中到"集团部落"之中，由军警和伪组织严加看管，从而断绝了对抗联的衣食接济，形成了对各地游击武装最致命的打击。历史事实证明，游击队与民众形成"鱼水"关系才能有效活动，一旦"鱼"脱离了"水"，便难以存活。东北抗联出现的困境，除主观指导原因外，也有客观因素，主要是敌我力量相差过于悬殊，在"九一八事变"前中共满洲省委在农村又缺乏工作基础。东北有许多区域地广人稀，冬季长达半年，这些自然条件都增加了游击队活动的困难。

东北抗日联军退入深山密林，面对日伪军不断搜剿、封锁粮食，处境极为艰难，却在"火烤胸前暖，风吹背后寒"的环境中不屈不挠地坚持战斗。如第五军妇女团"八女投江"的英勇壮举，第一路军总指挥杨靖宇吃棉絮、树皮坚持战斗到最后一息的事迹，都长久地在中华大地传扬。1941年初，东北抗联减员至不足1000人，为保存力量撤至苏联境内编为教导旅（在苏军称国际红军第88旅）。教导旅后来主要担负了对关东军的侦察任务，不断派遣小分队返回境内搜集情报并进行宣传，东北土地上抗战的枪声从来没有停息过。

老画家全山石油画《八女投江》，表现了中共领导的抗联第五军妇女团的八位女战士，面对日军围攻宁死不降走向江中殉国的壮烈场面。

对东北的抗战，蒋介石政权从来不给予支援，面对日军侵略则是节节退让，1935年还在对方"亲善"要求下把对日本的外交关系由公使级升格为大使级。这种妥协政策只会导致侵略者气焰更为嚣张，日本侵占东北后，解决了本国经济危机，产值五年内增长了一倍。南京政府却仍忙于"剿共"，同其他派系的军阀混战，继丧失了富庶的东北后，关内经济仍极度落后。至1936年，中国钢产量不过4万吨，而日本钢产量却达580万吨。同年国民政府的财政收入只有11.7亿元法币（折合3.8亿美元），只相当于日本政府财政收入的22%（此外"伪满"的财政也归日本支配），中日之间的经济差距进一步拉大。

面对民族危机，中国共产党领导的红军在1934年就提出"北上抗日"的口号，国民党内部主张抗日的实力派也反对蒋介石的妥协政策，相继发起了"福建事变""两广事变"和"西安事变"。蒋介石政权的支持者美国、英国，因感到日本的扩张威胁到自身在远东的利益，也主张南京政府应停止内战，对日采取强硬态度，苏联更是支持中国抗日。在这种环境下，蒋介石在1937年初以后改变了内外政策，军队由内战

日本人所绘的进攻卢沟桥的彩画。

张庆涛油画《延安南门》，表现了1937年内战停止后，延安城门刷上的标语，表达了中共团结抗战要求。

为主转为准备对日抗战。

日本看到中国开始出现团结对外的趋势，决定利用纳粹德国在西方崛起牵制着英法和苏联的有利时机，实行"对支（那）一击"。1937年7月7日，驻北平附近的日军向卢沟桥的中国守军挑衅并随之发起进攻，"七七事变"的发生标志着中日全面战争的开始。

史称"七七事变"的卢沟桥战事爆发的第二天，中共中央便于7月8日发表了号召全国人民奋起抗战的宣言，指出："平津危急！华北危急！中华民族危急！只有全民族实行抗战，才是我们的出路。"日本在7月中旬开始国内总动员。蒋介石在7月17日在庐山讲话也表示"再没有妥协的机会"，国民政府终于走上了抗战之路。

华北日军在援兵到达后，于7月28日发起总攻，很快占领北平、天津。8月13日，上海的抗战开始，南京政府因首都受到威胁，国民党同中共拖延了几个月的红军改编谈判终于有了结果。

此前国民党虽同意与共产党一致对日作战，却要凌驾于中共和其他党派团体之上，不同意与红军及国内其他各派军队一同组织"抗日联军"，只同意将红军"收编"为国民革命军的一部分，就是想仿照过去封建王朝的做法，对难以剿灭的绿林英雄们采取"招安"。蒋介石又不同意中共在改编后的红军中建立统一指挥机构，要由国民党派军官来任副职和参谋长。坚持"党对军队绝对领导"的毛泽东自然不能放弃军队领导权，要求对国民党派来想掌兵权者"不许入营门一步"，这也是保持人民军队性质不变的最后底线。

　　"卢沟桥事变"发生后，蒋介石同意改编后的红军仍由中共领导，中共的交换条件是可以接受国民革命军的番号并换军装。这一让步的主要表现形式，是在国民党不加吞并的前提下，红军名义上编入"国军"中去。当时任八路军副总司令的彭德怀就说过："蒋介石根本没有承认统一战线。工农红军要改编为国民革命军，强迫戴国民党军队的帽子，与国民党军成一种隶属关系；企图改变八路军性质，同化于它的体系，根本没有承认合作。"（《彭德怀自述》，人民出版社1981年版，第226页。）此时，西北红军总数只有7.4万人，除去延安的机关、学校、医院里的伤病残废军人以及陕甘宁地方武装，野战部队只有4.2万人。国民党政府却有180万正规军和差不多相同数量的地方武装，中央军就有60个师80万人之众。在这种力量悬殊对比下的红军改编，共产党所做的让

骆根兴油画《大敌当前》，表现了刘伯承率领八路军一二九师指战员在整编时以民族大义为重，忍痛摘下红军帽并换上国民党军军装的情景。

步就是接受国民党军队的番号和军装。

1937年8月下旬，西北红军改编为国民革命军第八路军时，干部战士最感痛苦的就是摘下代表"五大洲"即争取世界革命胜利的红五星八角军帽，戴上过去长年作为瞄准目标的青天白日徽军帽。许多人在举行仪式并换帽子这一天都放声大哭，担任一二九师师长的刘伯承安慰大家说："不要看这顶帽子上的帽徽是白的，可是我们的心永远是红的。同志们，为了救中国，暂时和红军帽告别吧！"

此后，八路军官兵除了在"统战场合"即与国民党军会面之外，平时军帽上并不缀上内心憎恶的青天白日徽，领子上也不佩国民党授予的军衔章。共产党领导的军队不设军衔，目的是坚持官兵平等的制度，因而此后多年间国人看到的共产党军队是一支头上没有军徽、军装上没有军衔的队伍。这一举动清楚表明，共产党领导的军队虽然在番号上编入"国军"系列，却坚持党的领导，将长远目标与现实任务相结合，仍坚持不忘初心——在进行民族革命而抗日时，还不忘民主革命的最终目标，即消灭国内腐朽的封建反动势力，建成一个红色的新中国。

把握发展方向，敌后全面布局

日军向华北大举推进时，蒋介石急于把红军调上前线。8月上旬，国民政府在南京召开国防会议时，蒋介石同意陕北红军改编为第八路军，对南方红军游击队也可以再编一个军。不过蒋介石惯于利用内战外战消灭异己，想把改编后的共产党部队和国内其他"杂牌军"放到第一线最危险的地段与日军打阵地战，又不发给武器弹药，明显是想"借刀杀人"。

周恩来、朱德赴南京参加最高国防会议时，毛泽东特别致电他们指出：阵地战非红军所长，要求"游击战以红军与其他适宜部队及人民武装担任之，在整个战略部署下给与独立自主的指挥权"（《毛泽东军事文集》第2卷，军事科学出版社、中央文献出版社1993年版，第22页）。蒋介石认为共产党跳到敌后打游击也能牵制日军，且更容易被日本人围歼，也表示同意。这样国共两党达成了协议，抗战期间共产党跳到日军后方发挥游击战的特长，在战略上配合国民党抗日，至于战斗行动则有"独立自主"之权而不受国府指挥。

事后看来，毛泽东提出的要求，是一个极其高明、有重大战略意义的方针。这样既维持了国共合作抗战，也避开了共产党军队被借刀杀人消灭的危险，同时能发挥过去红军练就的游击战长处，从而有效打击日军并发展壮大自己。

毛泽东这一深远的战略思想，其实酝酿已久。1936年6月，美国记者斯诺走进了由几百眼破窑洞构成、满目风尘的陕北保安县（今改名志丹县）城，毛泽东同他彻夜长谈时就讲到未来对日战争的前景。斯诺记载说："他要我预先设想到日本将赢得所有重大的战斗，占领了主要城市和交通线，而在战争初期，就摧毁了国民党的精锐部队。继后产生的是一个持久斗争的局面，在这个局面中，红军游击队将起主要的作用。"（斯诺：《我在旧中国十三年》，三联书店1973年版，第73页。）

全面抗战开始后的战局发展及共产党军队的行动，恰恰同毛泽东的这一预见完全吻合！

陕北红军改编为国民革命军第八路军时，国民党当局只给了三个师、六个旅、十二个团的番号，按编制4.5万人的最低额发饷。8月25日，朱德总指挥、彭德怀副总指挥宣布就职。不过八路军在国民政府编制表上只存在了一个月，9月间便在调整全国部队番号时改称"第十八集团军"，朱德也由"总指挥"变为集团军"总司令"。中共中央却要求,除对军委会上报文件之外,仍然不改称呼。除考虑到"集团军"是战时序列易于被取消番号外,主要是因"八路军"之称已经在华北叫响。此后"八路"这一称呼实际上由序数词变为名词,成了中国共产党领导的革命力量的习惯代称。

红军改编为八路军后,国民政府军委会长期拒发武器,一些官员还故意说:"共产党过去讲武器都靠战场缴获,那就找日本人缴好了!"当时国民党中央系对本党内的西北军、东北军等部也多是如此对待,而得不到多少补充的"杂牌军"往往以避战保存实力。中国共产党最早号召抗战,自然要积极打击日寇,同时又要避开当时的"友军"暗算,跳到敌后打游击便是发展自己并能有效抗日的唯一办法。

1937年9月,八路军渡过黄河后进入山西,正值日军长驱直入而轻视后方掩护。八路军第一一五师在师长林彪、副师长聂荣臻(实际为政委)指挥下,于平型关伏击了日军精锐第5师团的后继部队,歼敌千余人。这一仗名震全国,显示了中国共产党人抗战的决心和气概,起到了"先锋队"和"壮气军"的作用。

八路军在平型关之战中缴获呢子军大衣万余件(因敌辎重队被歼),可供一一五师每人一件。不过因日军凶顽,伤兵都拼至最后,此战一个俘虏都未抓到,弹药也缴获极少。平型关战斗时,八路军系居高临下实行伏击,却伤亡800人,还多是经过万里长征的老骨干,国民党当局只给嘉奖,却不提供武器弹药补充。事实证明,八路军要坚持持久抗战,就必须实行游击战而少打大仗硬仗。

平型关战役后,毛泽东特别强调,八路军的"根本方针是争取群众,组织群众的游击队。在这个总方针下实行有条件的集中作战"。于是,八路军用一部分兵力以游击战袭扰

左：任梦璋、杨为铭创作的油画《平型关大捷》（1959年作），反映了八路军首战伏击日军的战斗场面。

右：邵亚川油画《晋察冀军区司令员聂荣臻》，表现了聂荣臻率部首先在敌后开辟了第一块抗日根据地的场面。

日军的方式配合国民党军防御，主力兵力在日军后方发动群众建立根据地。

在晋东北、冀西方向，聂荣臻指挥八路军2000人大胆深入敌后，迅速收复数十个县城，并建立了华北第一块根据地——晋察冀根据地，部队在几个月里也迅速扩大到4万人。当地五台山的年轻和尚都有几千人入伍，他们的口号是："我们虽然出了家，可没有出国！"

晋察冀这一"模范根据地"的建立，证明八路军在日军后方完全可以站住脚，还有很好的发展条件。国民党军队逃走后，日军因兵力不足只能占领少数城镇和交通线，由老红军骨干组成的八路军只要做好群众工作，一个排、一个连就能占领一个县，消灭伪军、散匪，再搜集国民党溃败时丢弃的大批武器，便可扩充部队。毛泽东曾盛赞道：过去有个和尚鲁智深大闹五台山，如今是聂荣臻大闹五台山，聂荣臻可比鲁智深厉害多了！

在晋西北方向，贺龙、关向应率领的八路军一二〇师出师后激战雁门关，以伏击一举摧毁日军数十辆运输车，接着创建了晋绥根据地，成为保卫陕甘宁和延安东通敌后的通道。不过当地兵源、财源均缺，一二〇师又以一部北进大青山（今呼和浩特以北）创建根据地，并以主力向东直插冀中和冀东，在广阔的河北平原发展了根据地。

平型关战役后，八路军一一五师主力在晋西南休整补充时建立了吕梁根据地。1938年该师主力挺进山东，实施了伏击歼灭日军一个大队的梁山歼灭战后，全面展开建立抗日政权的工作，后来还以一部进入苏皖北部，改编为新四军第三师。

刘伯承、邓小平率领的八路军一二九师出师山西后，先以一个团奇袭日军的阳明堡机场，摧毁敌机24架，使当地日本前线部队一时失去空中支援。一二九师主力则进入山西东南部，在太行山南部建立根据地，并最早粉碎了日军对后方的扫荡性进攻——"九路围攻"。朱德、彭德怀所率的八

老画家张文新油画《巍巍太行》，形象表现了八路军领导人的形象，左至右为：邓小平、朱德、彭德怀、刘伯承。

路军总部也进入晋东南地区，一曲"我们在太行山上"鼓舞着广大军民建立了纵跨四省辽阔的晋冀鲁豫根据地。可是国民党当局始终不给一二九师扩大番号，后来该师下属部队达10个旅、32个主力团和3个军区（各辖若干军分区），主力和地方部队总数超过10万人，成为战史上部队数量空前的大"师"。

截至1938年末，八路军在华北敌后已经基本完成了战略展开，依托各根据地广泛开展游击战。日军虽然控制了华北的大中城市和铁路线，他们的后方却变成新的前线，中国共产党在晋察冀、晋冀鲁豫、晋绥、山东都建立了边区政府，下属的地、县、乡、村也建立了抗日民主政权，武委会、民兵、妇救会、儿童团等也随之组织起来，从而真正扎下了根。

在长江南北编成的新四军，其前身是红军长征北上后留在江西、福建、广东、浙江、湖北、湖南、河南、安徽这八省的红军游击队。南方红军游击队下山改编时，发生了闽粤边千余游击队被国民党军包围缴械的"何鸣事件"，部队集结又出现了严重障碍。1938年初，八省游击队才下山完成集结，人数约1万。由于长年在山林游击，下山集中的指战员基本都没有军装，武器更破烂，轻机枪都没有几挺。国民党当局开始称"新四军任务是打游击，不需要军衣"，经争取后只发了军装和低额军饷，象征性地给了极少量子弹而不补充枪支。

新四军成立时，因国民党当局不想再出现"第二八路军"，不肯任命共产党人担任军长。中共中央便请来北伐名将叶挺担任军长，得到蒋介石同意。叶挺曾是共产党内最早的军事指挥员，广州起义失败后因对错误处理不满而脱党。

吴云华油画《毛主席接见叶挺》，形象表现了叶挺于1937年末到延安来的情景，毛泽东鼓励他到江南组织领导新的部队。

1937年全面抗战爆发后，他前往延安，想回到党的队伍，中央为统战需要，认为他暂时留在党外更有利。在新四军中，坚持三年游击队的英雄、中共早期工运领袖项英担任了副军长（实际相当于政委），在党内职务为中共东南局书记，主持部队内党的领导工作。

新四军因点验一拖再拖，于1938年3月间才东进皖南，5月间先遣队进入苏南前线。1937年末江南国民党几十万大军溃败，武器弹药遗弃众多。新四军进入江南战场时，蒋介石已让特务头子康泽指挥别动队并组织"忠义救国军"抢先一步，搜集了大量失散武器，收编了不少土匪队伍。后来新四军有人感叹，在后方等了两个月才补充了那么点经费、子弹，若早到江南，就可自己搜集多很多倍的钱、物和武器，因此必须立足于自力更生，不能幻想外援。

叶挺、项英率新四军主力挺进皖南后，在那里建立军部。一支队在陈毅率领下挺进苏南，由鄂豫皖游击队改编成的四支队则在江北挺进皖西，这两支力量像铁钳一样从南北两面夹击正向武汉进攻的日军的后方，以游击袭扰有力配合了正面战场的防御。4月下旬，新四军军部派先遣支队司令员粟裕率队到达苏南后，首先破坏了镇江附近的铁路，使京沪交通一时中断。6月17日，粟裕又率部在镇江西南15公里处的韦岗伏击日军的一支运输部队，这一胜利消息很快传遍苏南。自南京失陷和遭受大屠杀后，江南广大人民还没有见过中国军队的胜利，新四军首战告捷使当地群众人心振奋。接着，7月1日陈毅指挥部队袭击宁沪铁路上的新丰车站，歼灭日本守军80多人。在长江北岸，新四军四支队东进后于5月16日在皖西蒋家河口设伏，20分钟的战斗击沉日军汽艇2艘，毙敌20名，新四军无一伤亡，成为漂亮的歼灭战典范。9月，彭雪枫率领新四军游击支队300多人从鄂豫边的竹沟挺进豫东，在淮阳县窦楼一仗便消灭了日军一个骑兵小队，还在几个月内将游击支队发展为3个团约5000多人。

1938年秋，李先念率数十名干部前往豫鄂边开展游击战争，接着会同从竹沟东进的部队开辟了武汉以北的一块根据地。该部直属中央军委领导，后来在番号上称为新四军第五师。

窦鸿油画《首战蒋家河口》，表现了1938年5月新四军四支队首次出战日军告捷的场面。

全面抗战开始后的一年多时间里，八路军、新四军在华北、华中的日军后方展开了全面的游击战，兵力也发展到20多万人。日军至1938年10月占领武汉、广州时，已投入中国关内战场80万兵力，其正面仍有国民党军百万兵力，后方又出现一个新的游击战的战场，不得不停止战略进攻，中日战争就此转入相持阶段。中国抗日战争就此也形成了一个战史上的奇观——国民党军从内蒙古河套地区到广东有一条延伸万里的正面战场，共产党领导的抗日根据地又在从长城边直至长江南北的日军后方一片片建立了起来，从而形成了一个辽阔的敌后战场。

在敌后以游击发展，减租减息动员群众

坚持独立自主的中共武装走上抗日战场，正如同《八路军军歌》所唱的那样："一旦强虏寇边疆，慷慨悲歌上战场。首战平型关，威名天下扬……"八路军成功挺进敌后并建立了根据地，得到全国民众包括一些上层进步人士的广泛称赞，"民族救星"之称传遍全国，这也使国民党当局感到恼火和妒忌。

1937年11月5日，蒋介石在南京的国民党最高军事会议上便说："现在由共产党所改编过来的军队，他们固然善于游击战，能够扰乱敌军的后方，但一般盲目捧共的人，即借此一点，毫不假思索地为他们作过分夸大的宣传，似乎只有这一部分军队才能够抗日……这种荒谬悖理的宣传，如不及早纠正，只有一天一天地助长共产党的嚣张。"（蒋介石：《出席最高国防会议致词》，载中国台湾国民党中央委员会党史研究会编《总统蒋公思想言论总集》卷四，第653页。）

1938年春，面对日军不断进攻和正面战场正规战的节节失利，国民政府军委会在武汉召开会议研究下一步战略，

素有"小诸葛"之称的桂系将领、副总参谋长白崇禧便提议："黄河以北的国军部队一律不许过河,就地开展游击战。"

有将领马上反驳说："国军未演习游击战,此议是否可行,尚需考虑。"

白崇禧却回答说："以打游击战起家的中共,亦为中国人,中共可以打游击战,国军当亦能打游击。"(《白崇禧回忆录》,解放军出版社1987年版,第304页。)

全面抗战开始八个月后,毛泽东总结国内对日作战的实践经验写出了《论持久战》一文,提出中国一定能战胜日本,不过"速战"不可能,只能打持久战。要实行持久战,必须以正面战场的正规战和敌后战场的游击战相结合。共产党领导的军队在日军占领区开展游击战和发展抗日根据地,使侵华日军感到是"后方之癌"。1938年10月攻占武汉后,日本大本营便下达了《大陆命第241号》和《陆军支那作战的指导》,决定停止对国民党战场的战略进攻,只以一半兵力对其进行"压制作战",另一半兵力转用于后方"治安战"(又称"肃正作战")。至此,日本方面"迅速解决支那事变"的企图完全落空,不得不与中国进行持久战。

国民党当局在希望国际干涉以达到停战的希望落空后,也承认要坚持持久战。武汉失守后,蒋介石在南岳军事会议上也宣布:"二期抗战,以游击战为重点。"以后,国民党在敌后也建立了冀察、鲁苏两个战区,陆续派出50万以上的部队到那里。无情的事实却证明,国民党军在敌后根本站不住脚,只有共产党领导的武装能建立根据地并发展壮大力量。

国民党后来长期宣传共产党的军队在敌后"游而不击""乘机坐大",此说根本违背了战争的基本规则,因为只有消灭敌人才能保存自己。敌后只要有抗日军队活动,日军便感到基地和运输线受到威胁,很快就会以重兵"扫荡"。

张文新油画《悲歌》，表现了敌后组成的抗日游击队以简陋的武器来进行战斗的情形。

日本侵略者以特有的毒辣狡猾，对抗日根据地的摧残无所不用其极，实行了"铁壁合围，捕捉奔袭，纵横扫荡，反转电击，辗转抉剔"等战术，还以杀光、烧光、抢光的"三光政策"摧毁根据地军民的生存条件。在这种艰苦环境中，八路军只有坚决"击"敌并打退"扫荡"才能生存下来，只有"抗"方能"大"，光"坐"岂能变"大"？

日军对付分散活动的游击队，开始大多用重兵集团"扫荡"，结果如同日军自己形容的那样是"蛮牛捕鼠"，抓不住化整为零、分散游击的八路军、新四军。后来它以小部队分散行动，又经常被八路军、新四军和群众游击队吃掉。日军对此感叹说："皇军大大地去，八路小小的有；皇军小小地去，八路大大的有。"

这种分散游击、集中歼敌的方式，中共方面也向国民党介绍过。1939年6月周恩来在中共南方局举办的训练班并向国民党介绍经验时说："敌人多的时候就不见一个八路军，敌人少的时候就到处都是八路军，好像八路军有神出鬼没的本事一样。"(《周恩来军事文选》第2卷,中央文献出版社1997年版,第232页。)

对共产党能够在敌后立足打游击的方法,蒋介石也曾想学习,中共方面的战略战术本来就是公开的。1938年11月末,蒋介石在衡山开办了"南岳游击干部训练班",主要由第十八集团军参谋长叶剑英所率的一批八路军教员任课。叶剑英等教官给国民党的学员坦率地介绍了八路军和新四军能在敌后立足和发展的根本原因,就是和人民打成一片,官兵同甘共苦。对于等级森严的国民党军来说,官兵同甘共苦宛若天方夜谭。国民党军官们听说八路军从总司令朱德到普通的士兵都吃一样的伙食,穿的是一样的衣服时,无不摇头,认为自己的军队不要说军长、师长,就是要求连长与士兵过一样的生活也办不到。

至于谈到军民打成一片,国民党军更是不可能做到,其军队纪律废弛,搜刮百姓已成常态,怎么可能和人民打成一片?怎么可能在敌后建立根据地?在日军"扫荡"下,日军后方的国民党军基本都被清除。派部队在敌后发展一事,国民党非不欲也,乃不能也。

1939年叶剑英(前排中)率八路军教官参加"南岳游击干部训练班"的合影。他们向国民党军官介绍了游击战的基本原则,受教者却无法实行。

已故老画家、中央美院教授孙滋溪油画《小八路》,形象表现了部队小战士为房东老大娘挑水的场面。

共产党领导的根据地内发动农民群众实行减租减息的照片。

　　八路军、新四军能在敌后坚持下来并发展壮大，主要靠人民拥护，关键是不能只取之于民，而要造福于民。共产党的军队纪律好，所到之处首先助民劳动，军民亲如一家人。更重要的是，共产党建立的民主政府和军队能解决中国农民祖祖辈辈最期盼的土地问题。

　　中国工农红军能奋斗十年发展壮大，靠的就是"打土豪、分田地"。1937年国共停止内战，为团结国内各阶层包括开明士绅一同抗日，共产党宣布停止没收地主土地的政策，但发动占人口绝大多数的农民群众又离不开土地问题。当时土地集中在地主手中，当佃户的农民最感痛苦的是要把一半收成作为租子交给东家。抗战期间的共产党人在不能分田地时，采取一个折衷的方法，援引孙中山提出、国民党却不能实行的政策——减租减息。全面抗战刚开始时，1937年8月中共中央提出的"救国十大纲领"中便包括"减租减息"（《毛泽东选集》第二卷，人民出版社1991年版，第356页）。八路军、新四军建立根据地的前提，就是发动农民对地主采取"二五减租"，即将传统的交租额由50%减到25%，这样便大大减轻了农民的负担。如同晋察冀边区领导人彭真所说，减租减息实际是变相的土改。

物质是第一性的，是唯物主义的基本原理。物质变精神，千百万群众通过得到物质利益才衷心地拥护共产党，根据地内才像当时人们所唱的那样：

军队和老百姓，

咱们是一家人。嗨嗨！咱们是一家人！

打鬼子打汉奸，

咱们要一条心哟，才能够得胜利哟！嗨！

得人心者得天下，打击侵略者时也要给群众以实际利益，这就是抗战时共产党领导的敌后根据地能开辟和坚持的根本原因。

第五章

民族赖砥柱，越抗越壮大

八路军、新四军挺进华北、华中的敌后，全面展开对日军占领的点（城市）、线（各铁路、公路）形成包围之势，共产党在华南领导的游击队也在广州以东和海南岛开始了抗日游击战。中国革命力量就此真正形成了"农村包围城市"之势，这不仅引起侵华日军的更大警觉和加紧"扫荡"，国民党内以蒋介石为首的顽固势力也视之为眼中钉。从1938年底以后，国民党内部发生了分裂，以汪精卫为代表的一批亲日派投靠日本侵略者在南京建立了伪政府，在日军扶植下组建了几十万伪军并协助日军进行占领区的"治安战"。这样，八路军、新四军既要抗击日军进攻，又要打击作为中国黑暗势力代表的汉奸伪军，同时要抗击虽在抗日阵营却坚持反动立场的国民党顽固派的摩擦和局部的军事进攻，从而在日、伪、顽的夹击中艰难地奋斗发展。

重点发展华中，发动"百团大战"

中国共产党领导的力量在抗战初期还很弱小，面对几十万装备精良的侵华日军，身边还有名为"友军"实则深怀敌意的百万国民党军，军队想生存就要一靠打仗，二靠发展。当时国内反动势力总攻击共产党人在抗战中"发展力量"，试想若不发展力量，怎么能更多地抗击日军来进行民族战争？又怎么能进行民主革命以建立一个新社会呢？

在国共合作抗日的形势下，中共中央曾向国民党保证"不在友党友军中发展组织"以争取让其放心抗日。这样，共产党领导的部队就不能到国统区发展，只能到"敌后"即日军后方去。日军占领了哪里，中共就到哪里组织游击战，既能打击侵略者，又力争避免同国民党摩擦。

1938年秋天八路军出师一年多，便在华北的晋、察（哈尔）、冀和鲁西、豫北全面展开对日游击战并建立了根据地。新四军自1938年初进入长江南北抗日前线后，也在苏南、淮南和淮北建立了根据地，只是在军部所在的皖南却局促于云岭一隅之地而没有发展（这正酿下后来皖南事变的大患）。1938年秋天日军又占领了武汉和华中广大地区，同年10月召开的中共中央六届六中全会又提出了重点发展华中的任务。

1939年秋，中共中原局书记刘少奇从延安抵达河南确山的新四军竹沟留守处后，认为当地处于国民党军包围之中，提出应迅速让留守部队东进。他到达淮南地区后，统一指挥新四军江北部队和八路军南下苏皖的部队。此时八路军一部由河南和山东向南挺进，新四军江南部队主力万余人也在陈毅、粟裕率领下北上进入苏中，经黄桥一战又打退了前来攻击的国民党江苏省主席韩德勤所率的部队。10月10日，北上的新四军与向南进军的八路军黄克诚部会师盐城。至此，共产党领导的敌后抗日根据地从延安直至长江北岸大都连成一片，八路军、新四军发展到50万人，根据地发展到1亿人口（其中有一半是抗日政权和敌伪两面负担的区域）。后来陈毅在1945年党的七大上称赞刘少奇到华中后办了两件主要的事情：一是"几百万群众发动起来了，实行了减租减息"，二是"进行了反摩擦"。

日军攻占武汉后，以两个师团回师华北，使"北支那方面军"增加到10个师团，加上诸多混成旅团和守备队，兵力达30万人，主要用于对各抗日根据地进行频繁"扫荡"。为打击敌军气焰，八路军除分散游击战外，有时也集中几个团兵力打一些歼灭战。如1939年12月，八路军晋察冀军区北岳部队在杨成武指挥下激战黄土岭，将孤军深入的两个日军大队包围，杀伤900余人，并以迫击炮炸死所谓"名将之花"阿部规秀中将。这一战绩当时振奋了全国，被称为中国抗战后首次在战场上毙敌中将的纪录（战后从日军公布的档案中发现，此前几个月在山东已有一个中将被游击队打伤后不治身亡）。此后很长时间，日军一般不敢以一个大队（相当加强营）为单位深入根据地乱闯。

1940年3月末，汪精卫伪"国民政府"在南京成立，日本又积极向重庆方面诱降，并派代表到香港同渝方代表进行秘密的媾和谈判，大后方就此出现一股想对日妥协的气氛。为振奋全国民心以坚持抗战，经彭德怀主持的前方指挥部提议并得到延安总部同意，八路军在华北敌后向日军发动了一次大规模破袭战。

从1940年8月20日夜间起，八路军晋察冀军区、一二九师、一二○师共同发动了以破袭正太铁路为重点的战役。战役发起第三天，华北各地参战部队已达105个团20多万人（加上参战民兵总数超过40万），对外称"百团大战"。这次战役，也是抗战期间八路军在华北地区发动的一次规模最大、持续时间最长的战役。

这时八路军的技术条件非常落后，主要靠步枪、手榴弹和炸药包作为攻击武器。由于有群众支援，内应外合，总攻开始时比较顺利。如袭击井陉煤矿和娘子关时，看到攻击的红色信号弹腾空而起后，当地工人马上切断日军电源，各路突击部队如猛虎下山直扑车站和矿山。当八路军攻占娘子关、井陉矿区和正太铁路线大部地段后，组织起来的

八路军炮兵战斗在黄土岭，这门炮当场击毙日军中将阿部规秀。当时国内称这是抗战中首次在战场上击毙日本中将级军官。

骆根兴油画《彭德怀》，描绘的是八路军副总司令指挥百团大战时的情景。

几万农民也马上赶来拆走铁轨送到八路军兵工厂当原料，枕木则被集中焚烧。日军增援部队两天后赶来时，都不禁愕然——百里正太铁路上居然只剩下一段段被掘断的路基，一条铁轨、一根枕木和一根电线都不见了！

百团大战第二阶段的攻坚战最为困难，如太岳军区司令员陈赓率部强攻城高墙厚的榆社县城多次均未奏效，敌人施放毒气，还使一些指战员中毒。陈赓便动员大家开动脑筋想办法，终于以枪口封锁敌枪眼、炮口，再挖坑道埋炸药爆破的方式，将城墙炸开缺口，全歼了守城日军200余人。在晋东南的关家垴战斗中，彭德怀亲临距敌500米处指挥6个团围攻日军一个大队，歼其大部。但终因部队装备差，特别是弹药不足，残敌最后在援兵的接应下逃走。

八路军进行的百团大战由数百次战斗组成，消灭日军两万多人，振奋了国内抗战的士气，不过实践证明其规模和某些作战方式超出了实力和装备所限，八路军伤亡较多而缴获少。事实证明，在持久抗战的情况下，装备简陋又缺乏弹药来源的敌后抗日军民还应以分散的游击战为主。在百团大战的第二年，毛泽东特别强调："我们采取巩固敌后根据地，实行广泛游击战争，与日寇熬时间的长期斗争的方针，而不采取孤注一掷的方针。"（《胡乔木

沈嘉蔚油画《陈赓》，生动表现了八路军太岳军区司令员陈赓（前）指挥部队进攻日军据点时的情景。

回忆毛泽东》，人民出版社1994年版，第159页）

　　看到共产党领导的军队大发展，蒋介石为首的国民党顽固派自1939年以后便加紧制造摩擦，甚至扩大为局部战斗。1941年1月初，根据国民党当局要求新四军北移的"命令"，新四军军部向长江以北进发，途中却遭到围攻。由于缺乏准备和临机处置不当，军部所属机关和掩护部队激战至1月14日失败，9000余人中只有1000多人突围冲到江北。军长叶挺按组织要求同国民党军谈判而遭扣押，项英突围时被身边的反动分子、副官刘厚总杀害。

　　新四军军部覆没三天后，1月17日以蒋介石为首的国民政府军事委员会发出通令，称"该新编第四军抗命叛变"，宣布将其"解散"。周恩来得知消息后，在重庆《新华日报》上发表奋笔书写的四句诗："千古奇冤，江南一叶。同室操戈，相煎何急！"

　　蒋介石采取消灭新四军军部的行动，使国共关系一时到了接近破裂的边缘。中共中央经过反复考虑，鉴于国共合作抗日的大局仍存在，便在政治上与蒋介石展开斗争，在军

李长文、徐勇油画《皖南事变》，表现了叶挺军长率部队与国民党围攻部队战斗的场面。

李明峰油画《新四军往事——陈毅义释韩德勤》,表现了新四军代军长陈毅为团结抗日,释放了刚俘虏的国民党江苏省政府主席韩德勤。

事上采取了守势。毛泽东在2月17日特别要求:"对反共军,基本上只应该打防御战,不应该打进攻战,不应该企图在大后方发动反蒋的游击战争"。(《毛泽东年谱》(中),中央文献出版社1993年版,第271页)中共中央在政治上不承认蒋介石的"解散令",宣布重建新四军,任命陈毅为代理军长、刘少奇为政委。新建的新四军下辖7个师共9万余人,八路军南下苏皖的部队也改用新四军番号。

新四军重新编组后,在淮南、淮北和苏皖地区坚持抗日,又一再打退来犯的国民党顽固军,不过仍在自卫的前提下坚持"有理、有利、有节"的原则。如新四军在反顽斗争中一度俘虏苏皖敌后的国民党军最高将领韩德勤,陈毅随之"礼送"他返回,并在送别时说明双方合作抗日的愿望。这样国共双方虽局部战斗不断,在战略全局上还是坚持了正面战场与敌后战场相互配合抗战。

敌后艰难时刻,军民一体奋战

进入1941年后,华北抗日根据地进入最艰苦的斗争阶段。同年夏,刚就任日本"北支那方面军"司令官的冈村宁次大将便集中7万日军,对晋察冀的北岳和平西区发起大"扫荡",并因痛恨百团大战而将此战称为"百万大战"。此次八路军领导机关跳出了敌军合击,突围中还出现了

沈佳蔚、李如油画《百团大战》，形象反映了当时中国军民不畏牺牲同日本侵略者奋战。

为吸引敌人而战至弹尽跳崖的"狼牙山五壮士"的事迹。
"狼牙山，棋盘砣，血染战旗红。英雄的八路军，五位好英雄……"五壮士宁死不屈的精神，从此成为中国革命军队的英勇榜样。

富饶的冀中平原是华北重要粮仓，加上地理位置重要，冈村宁次在1942年5月亲自指挥5万日军配属5万伪军，对冀中地区进行了为期两个月的"五一"大扫荡。日军利用平原地带青纱帐（当时对易于隐蔽的庄稼地的称谓）未起的季节，以大量汽车快速机动"拉大网"，捕捉八路军部队。经过这次"扫荡"，冀中根据地大部沦为敌占区，部分变成游击区，八路军冀中部队减员近一半后主力向西突围，地方党政机关遭到严重破坏，造成了平原区"无村不戴孝，到处是狼烟"的悲惨景象。留下来的少数部队和游击队、民兵一起，主要依靠地道战坚持斗争。

在晋绥、晋冀鲁豫和山东根据地，日军也加强了"扫荡"。1941年11月，日军第三十六师团以5000余人进攻八路军最大的军工基地——晋东南的黄崖洞兵工厂（该厂主要生产手榴弹、地雷和用旧弹壳复装子弹）。八路军守备部队不足千人，坚持奋战八昼夜，掩护兵工厂完成了机器掩埋和转移后暂时后撤，并袭扰日军后路。日军伤亡近千人后一无所得，不得不很快撤回，这个兵工厂随后继续利用扒日军的钢轨和土制炸药作为原料进行生产。

　　1942年5月，驻山西的日本第一军对晋东南的八路军总部和一二九师师部所在地进行突然袭击式的"扫荡"。日军事先还挑选了200多名精悍官兵组成"挺进队"化装成八路军，分两队昼伏夜行突袭八路军首脑机关。此前八路军总部对敌情的严重性估计不足，机关又过于庞大，包括党校、护校、被服厂等单位有几千没有武器的人员，战斗部队只有一个警卫团。八路军副总司令彭德怀率多数人冲出包围，副总参谋长左权在指挥总部突围时被敌炮弹击中而牺牲，成为八路军在抗战时阵亡的职务最高的领导干部。此役后通过总结经验，八路军特别强调在敌后的部队机关都要做到精干，才能在日军"扫荡"时灵活行动。

　　华北日军在"扫荡"后，利用八路军缺乏炮兵难攻碉堡的弱点，到处修炮楼，遥相呼应，还以封锁沟切断各根据地联络，强拉壮丁抢牲口，掠夺粮食，力图使根据地丧失生存条件。除军事进攻外，日军还广泛建立"新民会"以推行"以华制华"的政策，声言哪里组织"维持会"便不烧不杀，待建立后再开展"治安肃正"清查抗日干部和游击队。这一阶段国民党军共有58名将级军官率军30余万投敌，再加上一些土

老画家詹建俊在1959年创作的这幅油画，表现了狼牙山五壮士的英雄形象。

老画家罗工柳在1951年创作的解放初期的经典油画《地道战》，表现了抗战时地方武装从地道口出现的场面。

匪被日军收编，成为"皇协军""治安军"，数量达60余万的伪军几乎全部被用在后方对付共产党领导的抗日军民。

1941年和1942年出现的严峻环境，使敌后抗日根据地大为缩小，人口由1亿人减少至5000万。晋察冀地区曾经仅剩一座阜平县城在抗日政权手里，其余县城全部沦陷为日军据点，抗日武装退到各县的乡村坚持斗争。这一时期八路军总数也由40万人降至30万人，新四军还保持在10余万人。

日军对根据地残酷"扫荡"时，实行了杀光、烧光、抢光的"三光"政策，造成严重的经济破坏。八路军部队在粮食不足时，不得不以黑豆、麦麸充饥。晋察冀军区还专门下达通令，要求部队不许扒榆树皮吃，以免同群众争食，生存环境之恶劣可见一斑！

富有艰苦奋斗传统的共产党人，并没有被困难吓倒。中共中央采取了大生产和精兵简政措施。从延安到各个根据地，党政军学各部门干部和战士都在战斗间隙开荒生产，纺纱织布，强调"自己动手，丰衣足食"。陕甘宁边区的机关就解决了自己所需的半数左右的粮食和大部分衣物和日用品。在南泥湾开荒的三五九旅不仅粮食自给，还向边区上缴。军

老画家蔡亮油画《大生产》，表现了陕甘宁边区部队和机关开荒生产的场面。

已故画家、原西安电影制片厂高级美术师戈跃名作《普通一兵》，表现了周恩来于1943年从重庆回延安后便参加大生产运动，亲自参加纺线。

队不吃民粮还能交公粮，这又创造了历史上的一个奇迹！

陕甘宁边区在全国属于贫困地区，自然条件差，党和政府组织群众大生产时，干部都走到第一线去。当时任绥德地委书记兼绥（德）米（脂）警备区和独立第一旅政委的习仲勋曾提出过一个朴实的口号，叫做"把屁股端端地坐在老百姓这一方面"。由于表现出色，毛泽东特别称赞习仲勋是"一个从群众中走出来的群众领袖"。1945年遴选西北局书记一职时，毛泽东特别提议由只有32岁的习仲勋担任，使他成为当时全党最年轻的大区书记。

开展大生产运动时，陕甘宁边区副主席、党外人士李鼎铭提出一项建议，主张采取"精兵简政"的办法，着重减少

刘宇一的这幅油画，表现了抗战期间毛泽东勉励陕甘宁边区领导人习仲勋的场面。

过去庞大的机关和非战斗人员，将部分病残人员和体弱、年纪小的复员。毛泽东对这一意见表示赞同，并形容当时的情景是"鱼大水少"，就是缩小的根据地难以再供养原有的军队。通过精简，八路军总数有所减少，保留下来的许多部队也实行了"主力地方化"，即把原来的旅改成军区，团改为军分区，营改成县大队，暂时不搞集中作战，而分散到各地进行游击活动。有些单位索性不发军装穿便衣，这样能同当地群众、民兵更好地打成一片，既有利于就地供应，也便于展开游击活动。

中共中央根据敌后斗争形势的变化，决定不与有绝对优势装备的日军硬打硬拼，而采取"把敌人挤出去"的斗争策略。华北地区便提出不必打大仗，200个县只要每县一天打死一个鬼子即可，这样累计一个月便能消灭6000日军，相当于歼敌一个旅团。

这种在"熬时间"中积小胜为大胜的方法，的确是弱军对付强军，以简陋装备抗击装备精良之敌的唯一正确的战术。各抗日根据地军民还因地制宜，创造出了地雷战、地道战、麻雀战等斗争形式。

地道战的发明和推广，解决了平原地区游击战的阵地依托。八路军过去习惯于依傍山地打游击，在广阔的平原上却没有任何屏障，保存自己便成为难题。冀中人民在抗日战争最严酷的时候，起初挖了一些称之为"蛤蟆蹲"的藏身洞，不过若被敌发现洞口，就无法逃脱。后来经总结经验，一个洞口改成了双口洞，万一敌人发现，可以转移。考虑到不能"只藏不打"，抗日军民把双口洞继续加宽加长，左邻右舍的地洞互相挖通，一家连一家，一户连一户。这种地道网里贮藏有水、干粮、被褥和灯火，还有防毒气的隔板和土堆。地道又可以通往野外和村内的一些制高点，比如高房子、大

抗日根据地在开展地道战。

树，还设有射击孔、瞭望孔。这样，村内村外的地道便联成一片，形成了能藏、能打、能防毒、能防水、可攻可守、进退自如的战斗地道体系。

冀中区党委很快把这个发明加以总结推广，于1942年1月发出文件，明确要求冀中要开展地道斗争。至1943年，冀中抗日军民建成了绵延伸展1.25万公里的地道，形成一座真正的"地下长城"。当时日本人就说，冀中是两个冀中，地面上一个冀中，地下一个冀中。地道战的威力之大令人惊叹，有一个村子仅靠着32个民兵和17支步枪，依托地道同敌人两个团的兵力作战13个小时，以牺牲1人的代价毙敌70多人，最后敌人不得不撤退。

为对付日军"扫荡"，抗日军民还广泛开展了地雷战，而且普及到各根据地各村。当时根据地兵工厂生产的制式地雷很少，在抗日政府组织下家家户户动员起来搜集铁器，自己造地雷。例如铁壶装上土炸药就是铁雷，石头从中间凿一个洞装上炸药就是石雷。为了防止敌人排雷，民兵研究出了"子母连环雷"，敌人起出母雷，子雷跟着爆炸。敌人把老百姓当人质，让他们在前面踏雷，民兵就研究出"拉雷"，把老百姓让过去，专门炸后面鬼子的大队人马。日军连遭打击后，长期龟缩在据点里，一些游击队和民兵就"送雷上门"，潜入敌人占领的村镇，把地雷埋在鬼子住所门口或打水的井台、厕所等处，使敌军时时胆颤心惊，寝食难安。一个叫菊池重雄的日军军官曾写道："地雷战使我将官精神上受到威胁，使士兵

出身新四军并参加过对日抗战的老画家彭彬的油画《地雷战》，表现了敌后根据地军民埋地雷打击日军的场面。

成为残废。尤其是要搬运伤员，如果有6人受伤，那么就有50个士兵失去战斗力。"因为一个伤兵要几个人抬，还要有人掩护，一个中队出击后只要被炸死炸伤十几个人，便不得不狼狈撤回。

地雷战的广泛开展，真正体现了人民群众无穷的创造力。被称为"雷乡"的山东海阳县，民兵们总共发明了36种地雷，在抗战中共击毙、击伤和俘虏敌人1500多名，缴获各类武器600多件，有力地打击了日本侵略者。

新四军活动的苏中地区多是水网地带，军民以木船为主要交通工具，而日军依仗装甲汽艇横行。新四军吸收了来自上海等地的能工巧匠，自制触发式和引发式水雷，在反"扫荡"中炸毁了敌人大量汽艇，大大降低了日军在长江下游水乡地带的装备和机动力优势。

新四军活动区邻近侵华日军首脑机关所在地，日军感到寝食难安，"扫荡"接连不断。继1941年和1942年苏南进行大规模"清乡"后，1942年末日军又对淮南进行了大扫荡。新

王可伟油画《血战朱家岗》，表现了新四军第三师第九旅在1942年12月淮北反"扫荡"时激战朱家岗，歼日军300余人的激战。

四军第三师第九旅在淮南反"扫荡"时，取得了朱家岗等一系列作战的胜利，仍保存了原有根据地。

群众的智慧是无穷的。根据地群众发动起来后，打击日军就有了许多创造。除地雷战、地道战外，军民还发明了袭扰日伪军据点使其不得安宁的麻雀战。此外还有"堵门战"，就是军民持枪埋伏在敌人碉堡附近，等其一露面就迎头一枪，让日军整天战战兢兢不敢随便探头张望。

广泛的游击战，必须以充分发动起来的群众为基础。在残酷的斗争中，共产党广泛组织群众，青壮年组成民兵、自卫军，妇女参加妇救会，少年也参加儿童团。晋察冀边区的河北涞源县有一个儿童团员王二小，在1942年秋日

王可伟油画《带路》，表现的是少年英雄王二小舍命将日军引入包围圈的场面。

军"扫荡"时被抓住强迫带路，他把敌人带入八路军的包围圈，自己被敌人用刺刀挑死。"二小放牛郎"的歌声曾广为流传，这一少年英雄典范也表现出抗日战争作为一场伟大的民族解放战争，是男女老少都一起参加的人民战争。觉醒的人民同军队结合，采取持久战、游击战，装备精良的侵略军陷入这种汪洋大海只能走向失败。

自1943年起，敌后斗争形势已有所好转，收复了许多前两年被敌所占地区，抗日根据地的人口又恢复到8000万人，八路军、新四军恢复到47万人，经过了残酷的斗争锻炼后，战斗力也大为增强。

两战场相迥异，胜利后战更酣

1944年春季以后，世界反法西斯的其他战场到处取得胜利，日本在太平洋战场也节节失败，国民党军在正面战场却出现了又一次大溃败。此前五年多时间里，国民党军在正面战场与日军长期处于对峙状态，太平洋战争爆发后又得到美国大量援助，然而除印缅远征军外的多数军队大都日益腐化，导致战斗力下降。

1944年4月18日至5月25日，日军以15万人发起河南战役，国民党军汤恩伯等部40万大军一触即溃。5月至8月间，日军又攻占湖南的主要城市，9月末沿湘桂铁路攻入广西并连陷桂林、柳州、南宁，至12月间同在越南的日军会合。接着，日军于1945年2月打通了粤汉铁路，至此完全打通了大陆交通线。此时，国民党军在美国航空兵的支

1944年7月新四军第七师的宣传画，表明了敌后战场在正面战场溃败时开展反攻的原因。

持下已掌握了制空权,得到大量美援,兵力数量又占很大优势,仍出现豫湘桂大溃败,损失了60万军队,丢失了面积达30万平方公里、有6000万人口的地区。如此腐败无能的表现,引发了中国共产党和国内各民主党派一致谴责。

美国对大力援助的国民党政权的无能表现,也发出公开指责。1944年美国副总统华莱士来重庆后发出的感慨是:"来华前所闻很坏,来后方知所见比所闻更坏。"艰难的"驼峰空运"送到大后方的物资,很多被投入黑市,甚至运到中日两军前线的交易市场。美国派到中国战区的参谋长史迪威得知后怒不可遏,他在报告中称赞共产党廉洁,谴责国民党贪污、腐化及"与敌通商"。罗斯福总统得到报告,曾主张在中国建立多党的联合政府,蒋介石却把史迪威驱逐。美国政府看到对日战争即将胜利,而国民党政府能够在战后充当其附庸,最终还是决定仍继续援蒋而不能支援延安。

日军实施"打通大陆交通线"作战时,华北战场的日军由新组建的14个独立步兵旅团接替了原有主力师团的防务,并以不少伪军接替调走的日军担任后方守备。汪精卫政府所属的伪军,虽因国民党军大量"曲线救国"投敌而不断增加,兵力达到90万人,却士气不高,战斗力低下。中共中央抓住这一有利时机,要求各解放区发起攻势,扩大根据地。

此时八路军、新四军虽然武器简陋和弹药缺乏,但仍然能抓住有利时机发起局部反攻。通过对深入根据地内的敌人的孤立据点实施围困,开展"把敌人挤出去"的斗争,使日伪军不得不大都收缩到城市和主要交通线上,以前被分割的根据地连接成大块。通过局部反攻,敌后战场上解放了1000多万人口,八路军、新四军至1944年11月发展到65万人。为了在日军新占领的广大地区内建立根据地,中共中央决定派原先在南泥湾进行大生产的八路军三五九旅南下,后来一直挺进到湖南和广东边界，成为历史上的"第二次万里长征"。

进入1945年以后，解放区的军队因无外援，武器装备虽靠缴获和自制有了部分改善，但仍难于打正规战，不过游击战规模已明显提高，可以主动攻击日军中队、大队一级的单位。1945年5月，日本第43军组织3万兵力对

老画家秦大虎在这幅油画中，描绘了八路军军区司令员罗荣桓带病指挥作战的场面。

山东解放区进行了最后一次"扫荡"，八路军山东军区司令员罗荣桓指挥部队诱敌深入，不断袭扰，再予以伏击歼灭。5月7日，山东军区在石桥伏击战中一举歼灭日军600人，击毙第59师团第53旅团长吉川资少将，此人也成为抗战期间日军在中国战场上阵亡的最后一名将军。

1945年4月，中国共产党第七次全国代表大会召开时，共产党领导的八路军、新四军已经扩大至91万人，解放区人口发展到近1亿，敌后抗日根据地走过了"马鞍型"道路而迎来了抗战期间的第二次大发展。1945年4月至6月，中国共产党在延安召开第七次全国代表大会，为全党指明了打倒日本侵略者并建设一个新中国的目标。

同年8月上旬，美国向日本投下原子弹，苏联红军也出兵中国东北，此前在苏整训的东北抗日联军为红军承担了侦察和引路的任务。日本天皇看到战争彻底无望，便在8月10日向盟国提出乞降，并于8月14日接受了无条件投降的要求（却附有保留天皇制一项条件），8月15日又正式在电台播出。在"八一五"日本宣布投降之后的一段时间内，因侵华日军只实行片面投降，中国解放区战场对日战斗并未停止，反而更

加激烈。

自8月10日日本向同盟国乞降起，处理日军投降事务便成为对其作战的各方要解决的大问题。8月11日，毛泽东以八路军总司令朱德的名义起草致侵华日军总司令冈村宁次大将的命令，要他率被解放区包围的军队投降。八路军、新四军抗战八年，根据地遍布敌后，侵华日军大部处在夹击之中。如按正常战争惯例，在华多数日军应由解放区的军队受降。

蒋介石此时急于争夺胜利果实，却因其主力为保存实力而大都在西南，只好求助于美国和日军、伪军。8月11日，他命令侵华日军和伪军"就地维持秩序"，不得向非自己所辖军队缴械。为此蒋介石还在战胜日讲话中公然称要"爱敌人"，对日军"以德报怨"（蒋纬国编著：《抗日御侮》第十卷，台北黎明文化事业公司，第92页）。他又公开收编和任用伪政权带兵头目为"先遣军司令"一类官职，让他们"维持社会秩序"。

拥有世界最强实力的美国从战后要"领导世界"的政策出发，认为中国共产党不符合其利益，便出动大量军舰、飞机帮助国民党军运兵抢夺胜利果实。杜鲁门总统还下令利用已宣布投降的侵华日军当"守备队"，继续抵抗解放区军民，直至美军和国民党军赶到接收。

在此重要的历史关头，毛泽东主要着眼于争夺胜利果实，并以一贯的幽默感将这一斗争形容为"摘桃子"。为使解放区军民摘到较多的"桃子"，中共中央在政治上、军事上都展开了斗争。

8月15日听到日本宣布投降的消息，延安和解放区一时成了欢乐的海洋，不过解放区战场上还要进行更激烈的战斗。此时华北解放区军队主要着眼于夺取大城市，晋察冀

军区准备夺取北平、天津、保定、张家口等地并准备相机
进入东北，山东军区准备占领济南、徐州、青岛、连云港
等地，晋冀鲁豫军区准备占领开封、新乡等地，晋绥军区
准备夺取太原、归绥（呼和浩特），新四军则准备夺取南
京、上海。原来分散打游击的八路军各部迅速集合起来，
向拒不缴械的日军和伪军进攻，在北平附近一度攻入通
州，在天津攻入火车站。不过由于缺乏火炮等重武器，对
大城市的攻击都未奏效。

　　八路军在反攻中夺取的最大城市，是民国年间的察哈
尔省首府张家口，当时还是日本扶植的傀儡政权伪"蒙疆自
治政府"的"首都"。由于苏蒙军逼近长城边，八路军向张家
口市周围进攻，守城日军顽抗了三天于8月23日弃城而逃。该
城的解放，不仅使八路军缴到了包括500万发子弹等大量物
资，还创造了向关外发展的有利态势。

　　解放区军民在其他地方的反攻，也摘到了不少中小"桃
子"。截至9月2日，八路军收复了100多个中小城市和广大乡
村，包括烟台、威海卫、龙口、益都、集宁、丰镇等处，威震华
北。尤其重要的是，八路军在山海关附近同苏联红军会合后

画家蔡亮这幅油画，表现了
延安庆祝抗战胜利的火炬
游行。

左：1945年8月下旬八路军晋察冀部队攻占察哈尔省首府张家口的照片，这是八路军在国内解放的第一座省城。

右：八路军在山海关外同苏联红军相遇时的历史照片，当时双方毕竟是有共同信仰的同志。

联合作战，在苏军炮火掩护下，八路军攻占山海关，这使美蒋反动派在长城一线建立"防共隔绝走廊"的企图彻底破产，为进军东北打开了重要的通道。

日本宣布投降后，已被宣布为战俘的在华日军，由于被美国和国民党利用"维持秩序"并抵抗解放区军队，许多部队的武器保留到1946年2月遣返时才解除，解放区军民对日军的作战在日本投降后仍持续了一段时间。如在1945年10月津浦铁路鲁南段的攻势中，3000多名日军的退路被著名的"铁道游击队"切断并遭包围。这股日本军队还带着不少侨民和随军家属，一时男嚎女哭。在得知共产党一贯优待俘虏的政策后，他们整齐列队集体缴械，成为解放区战场上日军投降人数最多的一例。同年12月，新四军进行的高邮战役时，城中千余名日军除部分被击毙外，都在大队长带领下投降就俘。

中国抗日战争是在受降极不公道的情况下结束的，毕竟这是中国人抗击侵略者取得了完全胜利的一次战争。关内日军除极少数被围无法逃脱向八路军、新四军缴械，其余都向蒋军投降，由于美国和国民党当局要利用昔日的侵略者，自然不可能彻底清算他们的罪行，这又在战后留下了长久的隐患。

1945年夏秋解放区军民举行大反攻，虽未夺取到主要大城市，还是取得了巨大的战果。解放区军队由93万发展到130万，根据地人口达到1.3亿，面积也达200万平方公里。这时的中国解放区纵跨长城内外、大江南北，从陕甘宁到长江北岸连成一片。这不仅为随后夺取中国革命的最后胜利积蓄了雄厚的力量，也准备了广阔的战场。

武警画家罗田喜油画《晚钟》，表现了八路军在反攻作战中缴获了日军大量装备。

中国革命军队和进步人民进行的抗日战争，有民族革命、民主革命两个目标，即"对外推翻帝国主义压迫的民族革命和对内推翻封建地主压迫的民主革命"。衡量抗战的胜利也要有两把尺子，正如毛泽东所说的："它的胜利，离不开战争的政治目的——驱逐日本帝国主义、建立自由平等的新中国。"抗日战争的伟大成果，除打败和驱逐了日本侵略者，削弱了投靠侵略者的国内黑暗反动势力，还极大地壮大了革命力量，战争结束四年后一个新中国诞生于世界的东方。

毛泽东在抗日战争期间强调指出："战争的伟力之最深厚的根源，存在于民众之中。"（《毛泽东选集》第二卷，人民出版社1991年版，第511页）抗战期间敌后解放区能够在残酷艰苦的环境中坚持战斗并得到恢复、发展和壮大，从根本上讲是人民战争的胜利。通过充分动员人民，就能弥补武器条件的不足，就能长期牵制并拖垮强大的侵略者，这正是各抗日根据地的斗争历程所证实的颠扑不破的真理。

第六章

土改促打仗，解放全中国

1945年夏秋之交，取得了全民族抗战胜利的中国又面临着两条道路、两种命运的选择。按蒋介石为首的国民党当局实行的"建国方略"，中国只能充当美国附庸，让少数买办官僚发财，多数人民仍处在苦难之中。中国共产党人的奋斗目标，就是毛泽东在延安时提出的建立新民主主义社会的蓝图——政治上建立联合政府，给人民以民主权利，经济上允许多种经济成分共存，解决农民的土地问题，建立起一个独立、自由、民主、富强的新中国。由于蒋介石坚持内战政策，中共中央在争取"和平民主新阶段"未成功后，面对国民党的进攻，只能进行自卫战争。人民解放军不久又转入反攻，将这场战争发展为全国解放战争，艰难曲折的中国革命也在百万雄师过长江和进军江南、西北和西南的凯歌声中赢得了最后胜利。

以自卫争取和平，靠土改保障胜利

　　日本投降使中国摆脱了亡国危机，但中国社会所遭受的民族压迫、阶级压迫问题仍未解决。日军还未缴械遣返时，近10万美军就开进了中国并控制沿海大城市，美国还以经援、军援的方式控制了国民党政府的经济和军事命脉。这时的中国社会仍是半殖民地、半封建性质，中国共产党人奋斗的宗旨仍是要改变当时的社会。抗战结束后全国人民渴望和平，国际上的美国、英国和苏联三国在维护自身利益的前提下也表示希望和平解决中国的内斗，因此中共中央在1945年8月下旬提出"和平、民主、团结"三大口号，想尝试采取

表现蒋介石把中国权益出卖给美国，并请美军进驻中国的漫画。

议会斗争和民主选举的方式和平改造旧政权。按当时通俗的比方，就是争取对蒋介石采取"洗脸"政策而不"杀头"，毛泽东赴重庆谈判也是真诚地希望达成和平建国的协议。

蒋介石此时为争取国内外舆论同情，也打出和平旗帜，邀请毛泽东去重庆，其谈判底盘却是要共产党交出解放区政权和军队，达成所谓"军令政令统一"，交换条件是在国民政府中给中共几个副职。毛泽东在离开延安前，也说明了中共方面谈判的底线——"这次去重庆谈判，我们提出了十四条，其中承认解放区和军队为最中心一条。中间可能经过打打谈谈，甚至可能要打痛他，逼他承认这些条件。"同时，毛泽东向代理中共中央主席职务的刘少奇说："对蒋介石的一切挑衅行为，都必须予以迎头痛击。""我军的胜利越大，农民群众活动越积极，我的处境就越有保障、越安全。须知蒋委员长只认得拳头，不认识礼让。"

毛泽东此次到重庆，原计划住10天左右，后来因谈判不顺利停留了43天，为争取和平做出了最大努力。国共这次最高层谈判刚开始后就陷入僵局，蒋介石绝不接受毛泽东提出

1945年8月28日毛泽东到重庆谈判，当天与蒋介石在林园会面。

的承认解放区政权和军队的要求，更不同意建立联合政府。据美国斯坦福大学胡佛研究所2007年公开的蒋介石亲属保存在此的蒋本人1945年的日记内容看，蒋介石在重庆谈判起初近一个月试图对毛泽东"感化"未成后，竟然准备将其扣留和"审治"，后因考虑到国际国内各方可能

的反应，尤其是顾虑到共产党还有百万军队，才在显示强硬态度后让毛泽东回延安。这哪里还有一点和平诚意？共产党如果交出军队，不仅得不到和平，只会让当年"四一二"反共屠杀的悲剧重演。

重庆谈判期间，中共中央在争取和平的同时，也努力增强自身的军事地位。国共双方争夺的重点是东北。近代中国是一个落后的农业国，仅有的重工业主要集中于满洲地区。苏联对日宣战后占领了东北，不过同美苏达成的协定以及中苏两国政府所订条约中又规定，要将此地交给国民政府接收。在这种复杂形势下，中共中央冲破了美苏"雅尔塔协定"的束缚，决然地进军东北。看到苏军没有拦阻后，代理中共中央主席的刘少奇于1945年9月19日为中共中央正式制定了概括为"向北发展、向南防御"的全国战略方针。从全军抽调主力进军东北，同时撤出江南解放区的部队，在平绥、平汉和津浦这三条铁路线上阻挡国民党军进入东北。刘少奇在这份指示中还以豪迈的语言向全党领导干部宣布："只要

画家邵亚川油画《刘少奇在延安》，重庆谈判期间刘少奇代理中央主席，领导全党有效反击了国民党的进攻。

1945年中共部队奉命"闯关东"的历史照片。

我能控制东北及热、察两省,并有全国各解放区及全国人民配合斗争,即能保障中国人民的胜利。"

冀东八路军部队首先出关进入沈阳后,山东军区也以6万主力部队乘木船渡海进入辽南,苏北的新四军一部也长途跋涉出关,总计有11万部队和两万干部在两个多月内到达东北。毛泽东后来指出,这是共产党成立以来第一次大规模的军事调动,是又一个几千里的长征。共产党人此次"闯关东",为后来实现在东北的首先胜利并夺取全国胜利奠定了最初的基础。

国民党军原先想通过陆上铁路线进入东北,却遭到执行"向南防御"任务的中共军队的坚决阻击。沿着平绥铁路从包头进攻张家口的傅作义部,被八路军打退,被迫撤回绥远。沿着平汉铁路北进的国民党军,由刚已宣布投降的日军掩护占领了石家庄,刘伯承、邓小平领导的八路军部队就发起了邯郸战役,一举歼灭了北进的国民党军4万余人,还切断了平汉铁路。陈毅指挥新四军北上部队和八路军山东部队也发起津浦线战役,控制了徐州以北的津浦铁路300多公里。国民党军从陆上无法进入东北,只好依赖美军的海空运输,调兵占领了北平、天津至秦皇岛一线,并突破山海关进入东北,不过在时间上已落后于共产党的部队两个多月。

国民党军攻入东北后,占领了锦州一线并向沈阳推进,同时在关内也向中原、华北和华中的解放区大举进攻。1946年1月,经美国特使马歇尔调解,国共双方签订了停战协定,解放区内也出现了一片欢庆"和平民主新阶段"的场面。国民党方面随后却声言这一协定不包括东北,在3月苏军撤出沈阳后跟进占领,接着向共产党领导的东北民主联军(由八路军、新四军出关部队和东北抗日联军余部编成)发起大举进攻。关内的国民党军也不断制造小的冲突并包围中原解放区,国内出现了"关外大打,关内小打"的局面。

1946年4月至5月,中共中央要求在东北进行四平保卫战,抗击国民党军最精锐的印缅远征军,希望能以战促和。东北民主联军因装备差且缺乏正规战经验,加上没有来得及建立根据地而出现后方不稳,未能抵挡住国民党美械装备的部队攻击,被迫撤出四平、长春、吉林和松花江以南的许多地区。与此同时,国民党军在关内以30万军队包围了中原解放区的6万军队,准备发起总攻。

此时国民党有430万军队,并得到美国的大力援助。解放区的军队只有120万人,原有的武器破旧,在东北只接收到苏军缴获的一些落后的日军武器。蒋介石于是认为可以很快消灭共产党,参谋总长陈诚公开在记者招待会上宣称可在六个月内解决问题。由于内战的炮声打碎了"和平民主新阶段"的希望,敌对阵营全面使用暴力,中共方面感到过去减租减息或以和平赎买解决土地问题的办法已不适用,只有恢复让贫苦农民得到土地的办法,才能充分调动起他们参军参战的积极性。

1946年5月4日,中共中央发布了刘少奇起草的《五四

画家陈承齐油画《耕地农有——〈中国土地大纲〉诞生》,表现了刘少奇深入调查,领导土地改革的场面。

老画家王式廓油画《参军》，表现了土改后的翻身农民踊跃参军。

指示》，宣布改变过去用以削弱封建势力的减租减息政策，改为将地主占有的土地分配给贫苦的农民。毛泽东特别强调："目前国民党有大城市，有美帝国主义帮助，占有四分之三人口的地区，我们只有依靠广大人民群众的伟大力量，与之斗争，才能改变这种他大我小的形势。"

面对松花江以南大部地区失守的严峻形势，中共东北局下发了陈云起草、毛泽东修改过的《七七决议》。这一决议强调指出："能否发动农民是东北斗争成败的关键，农民不起来，我们在东北有失败的可能。"决议号召东北的广大干部"走出城市，丢掉汽车，脱下皮鞋，换上农民衣服，不分文武，不分男女，不分资格，一切可能下乡的干部统统到农村中去"。他们下乡的任务就是以土改发动贫苦群众，斗争汉奸恶霸地主，建立起巩固的根据地。

这份"七七决议"的意义，后来党史界评价其相当于"东北解放战争中的遵义会议"。大批干部和部队分散到广大农村发动群众，掀起了轰轰烈烈的土地改革的暴风骤雨。广大贫苦农民就此认识到只有中国共产党才真正代表他们的利益，东北解放区马上出现了参军参战的热潮。仅1000多万人口的"北满"地区，就有40万翻身农民走进了共产党领导的军队，这很快改变了东北战场的力量对比。

土地改革作为一场急风暴雨的激烈斗争，还是血与火的战斗。受到斗争的一部分地主逃亡到国统区组织还乡团，一部分逃入山林与惯匪勾结成为政治土匪。东北民主联军将

东北解放区土改的同时,进行了剿匪斗争。这是活捉土匪头子谢文东进行公审的照片。

大部队化整为零组织成众多小分队,深入林海雪原,肃清了"坐山雕"一类的大小胡匪共10余万人。这场规模宏大的剿匪作战的胜利,保证了土改的顺利进行,从而建立起巩固的东北根据地。

旧中国地主豪绅的压榨和人身奴役普遍极其残酷,贫苦农民一旦觉悟起来,斗争地主并分配到祖祖辈辈渴望的土地,马上就会在"保家保田,保卫胜利果实"的口号中动员起来。广大翻身农民中的青年纷纷在欢送的锣鼓声中参军,中年人推着小车、肩挑背驮支援前线,妇女也组织起来做军鞋……解放区内形成了全民动员的人民战争的壮观场面。

国共两军交战的战场上,共产党军队的士兵是戴着大红花为保卫自己的利益而战,国民党的士兵是被"抓壮丁"捆绑强征而来,解放军的士气自然远远压倒敌人。历史证明,有了一个《五四指示》,有了一场土地改革运动,共产党就打赢了,国民党就打输了。

共产党能解决农民的土地问题,是因为代表了占人口绝大多数的工农群众的利益;国民党在大陆不能搞土改,连减租减息都不肯做,就在于其代表买办和豪绅的利益。军事是政治的延续,蒋介石集团政治上的腐朽和拒绝改革,决定了虽拥有优势兵力和先进武器，也会很快被人民战争所打败。

先在内线歼敌，适时转入反攻

从1946年6月下旬起，国民党军发起全面内战，向各解放区进攻。中共中央通过初战总结经验，决定诱敌深入，不惜放弃一些城市和地区，以集中兵力各个歼敌。

任华中野战军副司令员的粟裕首先向中央军委建议，利用解放区有群众掩护、地形熟悉的有利条件，先在内线打仗较有利，随即得到中央"先在内线打几个胜仗"的指示。从7月13日后，华中野战军以仅3万人部队，50天内七战七捷，在苏中地区共歼灭国民党正规军六个旅和交警五个大队共5.3万余人。毛泽东对粟裕指挥的在苏中地区七战七捷高度评价，在8月28日向各战略区专门发出题为《华中野战军的作战经验》的电文，其中总结出四个"故"——"每战集中绝对优势兵力打敌一部，故战无不胜；士气甚高，缴获甚多，故装备精良；凭借解放区作战，故补充便利；加上指挥正确，既灵活又勇敢，故能取得伟大胜利。"

刘伯承、邓小平所率晋冀鲁豫野战军，随后也取得了定

江苏省海安七战七捷纪念馆中的油画，表现了在粟裕指挥下连战连捷的场面。

陶大捷,歼敌1.7万人。这一仗以首先出击陇海铁路吸引敌军开始,再诱敌进入解放区内歼灭。9月12日延安《解放日报》就定陶大捷发表题为《蒋军必败》的社论,宣告:"蒋军必败,我军必胜的局面是定下来了。"

国民党军在大举进攻的半年内,虽然攻占了解放区的安东(今丹东)、通化、张家口、承德、淮阴等城市,但分散了兵力,所占城市成了需要守备的"包袱"。解放军却能集中兵力,一口一口地吃掉分散之敌。

1946年末至1947年初的东北战场上,国民党军因兵力不足实行"北守南攻",对"北满"解放区采取守势,以主力进攻南满解放区。东北民主联军"南满"部队在冰天雪地中进行了四保临江的作战,北满部队则利用松花江封冻的时机"三下江南",出击长春、吉林外围,迫使国民党军从"南满"分兵北上。这种"南打北拉"的作战,终于扭转了东北的战局。

1947年3月,蒋介石驱逐了在南京、上海和重庆的中共和谈代表,接着进攻并占领了中共中央所在地延安,这宣告了国共关系的最终破裂。中共中央在4月12日"四一二政

陈坚油画《银箭》,描绘了东北民主联军在1946年末至1947年初三下松花江以南的场面,此举扭转了东北的战局。

变"20周年的社论中正式提出"打倒蒋介石"的口号，自卫战争也随之转为要取得全国胜利的解放战争。

国民党当局一手关闭了同共产党的和谈之门，发动了全面内战，这自然引起了渴望和平的全国人民广泛反对，很快在两条战线上陷入泥潭。国民党进攻解放区的军队连遭败绩，国统区人民又掀起了反内战、反饥饿的斗争，被称为"第二条战线"。蒋介石集团玩火自焚，陷入了两面受夹攻的可悲境地。

蒋介石进攻延安的战略目标，是摧毁中共中央的指挥中心或将其驱赶到华北，再以最后一支战略预备队即西北的胡宗南部投入华北，腾出华北的兵力支援东北，以此改变处处兵力不足的局面。面对胡宗南20多万大军的进攻，解放军西北野战军只有2万多人，土地贫瘠、人口不过150万人的陕甘宁边区也难以供养更多的部队。毛泽东决定放弃延安，让这座空城成为蒋介石、胡宗南需要分兵守备的包袱。

中共中央在1947年3月撤出延安，此后的半年时间内，毛泽东、周恩来、任弼时率领只有700人的中央精干机关在陕北转战，其中只有四个连的战斗兵力，却在山沟里同敌军玩起了"捉迷藏"。许多人劝毛泽东东渡黄河进入晋绥解放区的安全地区，得到的坚定回答是："我不能走，党中央也最好不走。我走了，党中央走了，蒋介石就会把胡宗南投入其他战场，其他战场就要增加压力。我留在陕北，拖住胡宗南，别的地方能好好地打胜仗。"为此，毛泽东留在陕北，还故意让蒋介石知道。在一次国民党军队紧追不舍的转移中，他还让部队在后面竖起一块牌子，上书"毛泽东在此上山"。这是何等豪迈和自信的气魄！又是对敌人何等的蔑视！

占领延安后的国民党军一度占领了陕甘宁边区的所有县城，却终日奔波于陕北的千山万壑之间，"白天武装大游行，晚间野外大露营"，还屡屡中埋伏，被解放区和游击队一个个消灭，最终肥的拖瘦，瘦的拖死。1947年8月，彭德怀率西北野战军在沙家店战役中歼敌两个旅6000余人，终于扭转了西北的战局，胡宗南部从此转入了防御。

1947年5月中旬，已建成了巩固根据地的东北民主联军率先反攻，发起了强大的夏季攻势，很快解放了上一年放弃的梅河口、本溪、公主岭、安东等城市和辽南地区。这次攻势持续一个半月，歼灭国民党军8万多人。虽然最后猛攻四平未克，却使敌人在东北的占领区缩小了一半以上。

东北战场开始反攻时，解放军华东野战军也采取"掏心战术"，在蒙阴县孟良崮一举歼灭号称蒋介石的"御林军"、过去警备南京的整编第74师3万人，这也是国民党军五大主力中第一支全军覆没的部队。

当时解放军取得胜利的基本方式，是以运动战调动敌

沈尧伊作品《沙家店战役》，表现了彭德怀在第一线指挥这场扭转西北战局的关键之仗。

孟良崮战役纪念馆前矗立的陈毅（右）、粟裕的巨型雕塑。

军，抓住战机予以各个歼灭，为此各部队靠着"铁脚板"，在人民群众的支援下大踏步进退。解放军华北军区司令员聂荣臻曾记下这样一件事，他发现有一个有心的战士每天都记录自己走了多少里路，结果两年累计下来，竟然共走了3万里！

至1947年夏天，国民党军虽在各个战略区连连失败，被歼灭了97个旅，但经过补充仍有360万以上的兵力。此时解放区的总兵力还不到200万，武器装备仍居于劣势。蒋介石的战略打算是想把战争继续引向解放区，大量消耗那里的人力物力。当年国民党军连年围剿江西中央苏区，曾造成当地人力物力消耗殆尽，红军便被迫长征。1947年夏秋之后人民解放军如果仍然在解放区内线作战，就会中蒋介石的毒计，有可能出现类似中央苏区难以坚持的局面。

国民党军进攻解放区时，通常大肆实施破坏，使老百姓不能正常生产，许多地方出现粮荒。中共中央转战陕北时，住在小河村的中央纵队从毛泽东、周恩来、任弼时到下面的干部战士就经常缺粮，要以黑豆和野菜充饥。毛泽东在接见当地部队的干部时就说过，西北野战军最大的困难是没有粮食吃，应该打到胡宗南的后方去，去吃他的粮食。

军事领域通常的规则是，由战略防御转为战略进攻，前提应该是原来进攻的一方由优势转为劣势，防御的一方由劣势转为优势。在1947年夏天，解放军的兵力及武器装备并

没有超过国民党军，毛泽东的战略指导却大胆突破了这一规则，提出"我军第二年作战的基本任务是：举行全国性的反攻，即以主力打到外线去，将战争引向国民党区域"。

老画家高虹的这幅描绘毛泽东、周恩来、任弼时转战陕北的油画，表现了领袖与广大军民同甘共苦的精神。

　　根据毛泽东提出的这一方针，人民解放军以跃进方式进入国民党统治区心腹地带，在那里建立新的根据地，并迫使进攻解放区的国民党军队掉头回援。从经济上看，这也是把解放军进行战争的粮税负担由解放区转移到国民党统治区，有利于自己的后方恢复生产并增加敌方的困难。

　　担负战略进攻开路先锋的，是以刘伯承为司令员、邓小平为政委的晋冀鲁豫野战军。1947年6月30日，刘邓率4个纵队12万多人，强渡黄河，发起鲁西南战役，连续歼灭了国民党军9个半旅5.6万人。蒋介石恼怒之下，准备重操花园口决堤的故伎，再次掘开黄河大堤水淹解放军，此时毛泽东秘密致电刘邓指示："下决心不要后方，直出大别山。"

　　8月7日，刘邓大军突然甩开敌军，兵分三路，向南开始了千里跃进大别山的壮举。部队以勇往直前的英雄气概，粉碎了国民党20多万大军的前堵后追，战胜了自然障碍，越过陇海路后，涉过黄泛区，跨过沙河、涡河、汝河、淮河。部队为通过沼泽地一般的黄泛区，不惜毁掉了火炮等重武器，轻装前进，于8月末顺利地进入了安徽西部和湖北东北部的大别山区，迅速解放了23座县城，前锋直插长江北岸。此时从南京到庐山避暑的蒋介石，第一次听到了共产党军队在对岸的隆隆炮声。

为配合刘邓大军挺进大别山，陈赓、谢富治率领的8万部队于8月23日从晋南强渡黄河，进入了河南、陕西边界地区并建立根据地。陈毅、粟裕率领的华东野战军外线兵团8个纵队18万人于9月初进入鲁西南地区，在沙土集歼灭国民党军一个整编师，迫使国民党军从山东和大别山战场抽兵增援，接着又以6个纵队越过陇海路南下，挺进豫皖苏边区，在广大的中原地区驰骋。刘邓、陈粟、陈谢三路大军在黄河、长江、汉水、淮河之间布成品字形阵势，开始建立中原根据地，国民党军在南线作战的160个旅中有90个旅也被吸引过来。

华北战场上的解放军经过朱德总司令前往整顿战斗作风后，于1947年秋季转入了反攻。9月间，晋察冀野战军在保定以南取得歼灭敌第三军主力的清风店大捷后，又挥师攻克

秦文清油画《过黄泛区》，表现了刘伯承、邓小平率军克服险阻向大别山挺进的场面。

石家庄，迫使华北国民党军转入防御。

　　看到战略反攻后的大好形势，1947年12月毛泽东在中共中央的十二月会议上宣布："现在，战争主要地已经不是在解放区内进行，而是在国民党统治区内进行了，人民解放军的主力已经打到国民党统治区域里去了。"同时，毛泽东还认为"这是一个历史的转折点"。

　　东北战场的形势，此时对解放军最为有利。东北人民解放军自发动秋季攻势，取得歼敌6万多人并切断主要铁路线的重大胜利后，从1947年12月至1948年3月又发起空前强大的冬季攻势，相继攻占了四平、辽阳、鞍山、营口、吉林等18座城市，歼灭国民党军15.6万多人。冬季攻势结束后，解放区的面积扩大到东北总面积的97%，国统区的面积被压缩到只占东北3%的狭小地区。东北国民党军被包围在联系已被切断的沈阳、锦州、长春三个孤立的据点中，其中沈阳、长春的补给只能靠空运，守军几乎陷入绝境，这又为解放军下一步全歼东北之敌创造了条件。

　　进入1948年春夏，解放军留在解放区内作战的部队也取得了重大胜利，老根据地军民都称赞说"主力打出去后，留下的少数部队还能打胜仗"。在山东境内，面对国民党军发动的最后一次大规模攻势，许世友、谭震林率领的山东兵团不仅通过反攻收复了胶东大

解放军向外线反攻时，山西的华北第一兵团在徐向前指挥下，也歼灭了阎锡山部主力并包围了太原。这张油画描绘了徐向前在前线指挥的情景。

部分失地，还在1948年实现了"两个横扫"——横扫胶济铁路线700里、横扫津浦铁路线700里的辉煌战果，山东的国民党军被迫龟缩到济南、青岛和烟台等几个据点中。在山西地区，徐向前指挥由地方部队新编成的华北第一兵团，经72天激战，攻克临汾，接着又以6万之众横扫晋中，采取包抄围攻、灵活机动的战术，把阎锡山数十万人的精锐野战兵团基本歼灭，还消灭了由国民党山西军以留用的日本军人组成的暂编第十总队，击毙其头目日军少将元泉馨。接着，徐向前率华北第一兵团推进到太原城四周，向山西"土皇帝"阎锡山的最后巢穴展开围攻。

国民党当局军事上遭受惨败的同时，经济危机也空前严重，物价一日数涨。1948年夏秋之交，国民党政府实行货币改革，蒋经国又指挥所谓的"打老虎"，以强令和高压把国统区民众的黄金、银元和外汇强换成随之成废纸的金元券。各界人民对此怒骂不已，蒋介石集团已经丧失了一切群众，追随者只剩下极少数遭受共产党清算斗争的反动势力。解放区却以土改调动起农民的积极性，还保护民族工商业，促进经济发展，这就决定了中国两种命运的决战胜负属谁。

实施三大战役，决战歼敌精锐

全国解放战争进行到1948年初秋，国民党军总数还有365万人，解放军虽发展到280万人，但在数量上和装备上仍不如国民党军。不过国民党军士气极度低落，而解放军士气高昂，还有人民支援。就此毛泽东提出要打大歼灭战，发展下去便形成了国共两军的战略决战。

1948年9月中旬，华东野战军发起济南战役，这实际上拉开了战略决战的序幕。国民党军10万人困守孤立的山东省城，华东野战军则以7个纵队17万人攻城，8个纵队20万人在

骆根兴油画《攻克锦州》，
表现了解放军在辽沈战役
中攻克锦州的场面。

粟裕率领下准备打敌援兵，结果徐州之敌却未敢增援。许
世友、谭震林指挥的攻城兵团仅以八天时间，就攻克了敌人
长年修筑了坚固工事的济南。

9月12日，东北战场的解放军根据中央军委进行北宁战
役的要求，开始向锦州到山海关的铁路沿线出击。接着，为
数70万人的东北野战军对55万多国民党军实施了锦州、辽西
和沈阳的三场大围歼战。解放军首先以五个纵队加上炮兵
纵队强攻锦州，以三个纵队阻击由沈阳出发援锦的廖耀湘兵
团，并以三个纵队对付从葫芦岛援锦的一个兵团，并以一个
纵队和大量地方部队继续围困长春。10月15日，东北野战军
的攻城部队在几百门火炮猛烈轰击的掩护下，以坦克引导步
兵冲锋，经过31个小时的攻城战，终于攻克锦州，全歼守敌
10万多人。

锦州解放，成为辽沈战役胜利的关键。次日，长春国民
党军第一兵团见败局已定，其中一个军起义，另一个军投
降。国民党军在东北其他三个兵团或想逃或想守，各不相

顾，亲临指挥的蒋介石也方寸大乱。东北野战军主力抓住敌军犹豫不定的时机，迅速从锦州东进，在黑山以东地区包围了廖耀湘兵团，两天就将其全歼，其中包括国民党军"五大主力"中装备最好的新一军、新六军。接着，东北野战军乘胜追击，沈阳守敌一个兵团几乎都放下武器，只有万余敌军窜到营口向海上逃跑，葫芦岛的国民党军则急忙由海运撤走。

辽沈战役中，解放军共歼敌47万，国民党军的东北战略集团就此覆没。这个集团中包括最精锐的美械部队，也集中了国民党军中一半以上的重炮兵，这些装备除少数损坏外，都成了解放军的战利品，名副其实地起到了"运输大队长"的作用。解放军的东北野战军（随后排序为第四野战军），也就此成为全军人数最多、装备最好的一支力量，并可作为最强大的战略预备队投入关内。工业设施最多的东北解放区也成为支援关内战场的主要基地。

当辽沈决战结束之后，中国军事形势马上发生了根本性的变化。国民党军总兵力下降到290万人，人民解放军总兵力却上升到300万人，通过缴获大量美制武器而在武器装备上也超过敌军。辽沈战役胜利十几天后，毛泽东为新华社所写的社论就宣布："再有一年左右的时间，就可能将国民党反动政府从根本上打倒了。"国民党政权自此陷入惊恐万状之中，南京城内开始"疏散"，许多机构及高官家属纷纷向台湾迁移，前线部队更无斗志。

1948年11月6日，解放军华东野战军在粟裕的指挥下向徐州以东出击，开始了淮海战役。刘伯承、陈毅、邓小平指挥的中原野战军，随即也被调来参战。蒋介石一度想在所谓"徐蚌会战"中挡住解放军南进，为此还将华中的黄维兵团调来，并拼凑从葫芦岛等地撤回的军队组成李延年兵团增

陈坚油画《冬雪》，表现了
淮海战役的指挥员在一起
的场景。其中左二刘伯承、
左三邓小平、左四粟裕。

援，从而在淮海战场形成了以80万人对60万人的兵力优势。
解放军在总兵力不占优势时，采取一口一口吃掉敌人的方
法，即所谓"看一个、挟一个、吃一个"。为统一指挥中原、华
东两个野战军，根据中共中央的指示，成立了以邓小平为书
记，刘伯承、陈毅、粟裕、谭震林为成员的总前委。华东、中
原两大解放区动员了220万民工随军支援，平均一个战士后
面有三个半民工推着小车送粮送弹。东北解放区的大连兵
工厂，又通过海路向山东运来了十多万发炮弹。华东野战军
代司令员粟裕后来总结说，是山东民工的小推车和大连生
产的大炮弹，保证了淮海战役的胜利。

在华东野战军首先歼灭黄伯韬兵团后，12月15日以中原
野战军为主的部队又歼灭了黄维兵团。完全孤立无援的杜
聿明集团，在解放军围攻下也于1949年1月10日全军覆没。至
此，解放军在淮海战场共消灭国民党军55万人，其中包括国
民党军"五大主力"中的第五军、第十八军。毛泽东后来形容
这场战役如同一桌夹生饭，硬是被一口口地吃了下去。

淮海战役使得国民党军剩余的精锐力量也被歼灭殆
尽，解放军随即进逼长江北岸，逼近南京、上海。

淮海战场上激战正酣时，以北平、天津为中心的华北地

区在1948年11月末就响起了解放军进行平津战役的炮声。辽沈战役结束后，华北的国民党军按毛泽东的形容是"已成惊弓之鸟"，多数军官已不敢战而只想逃。解放军华北两个兵团首先包围新保安、张家口两地，包围了傅作义系主力。为拖住想通过天津、塘沽海路逃跑的中央系国民党军，让他们还留在华北，毛泽东提出"隔而不围、围而不打"的方针，等待东北野战军主力到达后，再对敌军发起攻击。12月中旬，东北野战军进抵北平城下，对全城形成包围，接着包围了天津，解放军才在新保安和张家口消灭了傅作义系主力部队。

国民党天津守军依仗城防工事坚固，又自认为城内有许多工厂，会使担心破坏的解放军投鼠忌器，因而提出了只能放下重武器、全军携带轻武器乘船回江南的条件。1949年1月14日，解放军30万部队发起了攻城战。在猛烈的炮火掩护下，迅速突破了城防。攻入城区后，尽量不使用火炮，军事打击的同时展开政治攻势，迫使大多数敌军缴械。只经过29个小时的战斗，天津全市解放，守军13万全部被歼，警备司令陈

骆根兴油画《淮海大捷》，表现邓小平、刘伯承、陈毅、粟裕、谭震林视察战场的场面。

长捷也当了俘虏。

被围困在北平的国民党军20多万人见天津迅速解放,在傅作义率领下接受了出城和平改编的条件。1949年1月31日,北平和平解放,平津战役至此结束,共歼灭和改编国民党军52万人。

辽沈、淮海、平津这三大战役的胜利,标志着解放战争战略决战取得全胜,国民党150多万人被歼灭,其中包括蒋介石的几乎全部的精锐部队,持续了二十多年的中国革命战争已胜利在望。

国共之间的战略决战,最充分地显示出土地改革对双方胜负的决定性作用。当时在解放军浩荡前进的大军旁边和后面,都有比部队数量多得多的支前民工,他们推着小车、肩挑背驮全力支前。这些民工没有任何工资,更没有奖金,出门支前还要自带干粮和行李。他们为什么能冒着飞机轰炸和战场的炮火奋力奔走运输?这是因为中国共产党给了他们最大的一份报酬,那就是中国农民祖祖辈辈期盼的土地。国民党军所到之处,老百姓害怕抓丁抓夫而争相逃避。

陈坚油画《占领天津警备司令部》,表现了平津战役期间攻克天津的场面。

画家崔开玺的这幅表现支前的油画,正是翻身农民踊跃支前的生动写照。

例如在淮海战场上,被包围的国民党军只好由美国的陈纳德组织飞机,并动用两个民用航空公司以空投支援,但所投下有限的弹药、粮食对几十万军队的供应来说毕竟是杯水车薪,饥寒交迫状态的国民党军最终出现了总崩溃。

中国人民解放军所进行的战略决战的胜利,是动员人民、实行人民战争的胜利。国民党军在决战中出现精锐丧尽的惨败,也是被全国民众唾弃而失去各阶层支持的结果。三大战役结束后,国民党政府就到了崩溃的边缘。

革命进行到底,过江战略追击

解放军以摧枯拉朽之势赢得战略决战时,反动势力为保存残余力量卷土重来,又发起了所谓"和平攻势"。1948年12月下旬,长年同蒋介石有矛盾的桂系军阀白崇禧公开提出要求重开和谈,一些国民党政客也提出同样的议题。1949年元旦,新华社发表了毛泽东撰写的社论《将革命进行到底》,蒋介石则发表了《元旦声明》向中共提议恢复和谈。国民党高层因战争失败出现了分裂,蒋介石"下野",退到幕后指挥,以李宗仁、白崇禧为首的桂系则想乘机掌握最高权力。

美国为阻止中国革命进一步发展，支持李宗仁担任了"代总统"。苏联此前虽对中国革命有一些支援，却也加以限制，接到南京政府请求调停国共内战的照会后，斯大林电告中共中央时就显示出想出面调解的意思。接到苏联电报的第二天，1月11日毛泽东就在复电中坚决地回答："我们倾向于要南京无条件投降。"他还向斯大林说明：我国革命已胜利在握，不必再用迂回战术，推迟取胜时间。在这一历史关头，以毛泽东为首的中共中央以坚定的决心，粉碎了国民党想划长江而治，分裂中国的图谋。

　　看到革命即将全胜，中国共产党的工作重心将从农村转向城市，中共中央为统一全党的思想，于1949年3月5日在河北西柏坡召开了七届二中全会。毛泽东高瞻远瞩地估计到中国革命胜利后的新形势，及时地警告"糖衣炮弹"将成为党员干部面临的主要危险。后来的历史的确证明，权力往往带有腐蚀性，党内确实有一些人在"糖衣炮弹"打击和诱惑下走上了腐败堕落，而且这个问题在相当长的历史时期内会一直存在。

　　毛泽东在七届二中全会上的报告中，做出了一个形象比

秦文清油画《西柏坡，1949年3月》，表现了中共中央在西柏坡召开七届二中全会，确定了接管城市和夺取全国胜利的方针。

李长文油画《西苑阅兵》，表现了1949年3月25日毛泽东在北平西苑机场阅兵的场面。

喻："夺取全国胜利，这只是万里长征走完了第一步。""革命以后的路程更长，工作更伟大，更艰苦。这一点现在就必须向党内讲明白，务必使同志们继续地保持谦虚、谨慎、不骄、不躁的作风，务必使同志们继续地保持艰苦奋斗的作风。"这两个"务必"，是毛泽东在进入城市前向全党发出的最重要的号召，其核心思想就是要保持谦虚、谨慎、不骄、不躁的作风，要保持艰苦奋斗的作风，要反对骄傲和防止腐败。

七届二中全会结束后，3月25日中共中央进驻北平（今北京），从此开始了工作重心向城市的转移。毛泽东进入北平后，在西苑机场阅兵后暂住香山。他在那里接见第四野战军

邵亚川油画《百万雄师过大江》，表现了解放军横渡长江的壮观场面。

的师以上干部时发出号召："下江南去，我们一定要赢得全国的胜利！"

针对南京政府提出的和谈要求，中共方面提出"八条二十四款"，核心是要南京方面和平交出政权和军队，解放军必须过长江。中共代表还向南京政府的代表清楚说明：谈成，我们唱着歌过江；谈不成，我们打着炮过江。以李宗仁、白崇禧为首的桂系还想保存江南半壁，蒋介石只是想拖延时间，因而南京政府于4月20日正式拒绝在"八条二十四款"上签字。

1949年4月20日下午，中共中央决定立即发起渡江战役。4月21日，毛泽东主席、朱德总司令正式发布了《向全国进军的命令》。从九江至江阴的500公里江面上，出现了万炮齐鸣、万船齐发的场面。人民解放军第二、第三野战军的百万大军横渡长江。40万国民党军江防部队一触即溃。4月23日南京解放，国民党政府南逃广州，解放军各部以一天几十公里的速度展开了千里大追击。当时部队的两项主要任务就是走路和接管，一是力争追上逃敌予以歼

陈坚油画《战上海》（局部）表现了解放军进攻上海的激战场面。

解放军三野部队进入上海后，严守纪律不进民房而露宿街头的历史照片。

灭，二是完整地接收城市。

5月12日，解放军第三野战军以八个军发起上海战役。中共中央特别指示要保全城市，此仗被形容为"瓷器店里打老鼠"，既要歼敌，又不能以重炮破坏建筑。解放军将战斗主要放在城市郊外进行，进入市区后一般只使用轻武器，对敌包围促其投降。由于解放军严守城市纪律，加上中共地下党出色的保护城市工作，战斗期间市内居民水电一直照常供应，公共汽车、电车照常行驶，电话局仍然上班，解放军指挥员还可以打电话向对面的国民党将领劝降。进城的部队不许进民房，多数人夜间露宿街头，市民都反映从来没有见过这么好的军队。上海战役于5月28日结束，达到了完整接收城市的目标，还歼敌15万人，是战略追击阶段一个极为成功的作战范例。

5月间，解放军展开向西北的大进军，5月17日解放西安，随即转入向甘肃、宁夏的进军。在长江以南，解放军在5月24日解放南昌，8月4日解放长沙，8月17日解放福州。此时国民党军在大陆的部队，只有福建沿海岛屿的蒋系部队、胡宗南退入川陕边的部队以及西北的马家军、桂系的白崇禧部等还有一些顽抗的力量。

解放军第一野战军在彭德怀指挥下，于8月26日结束了兰州战役，通过这场恶仗消灭了盘踞甘青一带几十年的马家军，西北解放的基本障碍就此被排除。9月间，绥远省、新疆省宣布起义，实现了和平解放。

9月下旬至10月下旬，解放军第三野战军以一部开始攻击浙江的舟山群岛，以第十兵团进军福建南部，胜利解放了漳州、厦门，只是攻击金门未获成功，这说明渡海作战这一新课题还需要探索。

南下追击的解放军于10月14日解放广州，与此同时第四野战军在衡（阳）宝（庆）战役中歼灭了白崇禧的起家部队，接着于11月胜利进军广西。解放军第二野战军负责进军大西南，于11月30日解放重庆，12月下旬又同贺龙率领的华北第十八兵团一起解放成都。

面对着解放军势不可挡的进军，国民党政府除了向台湾搬迁工厂外，对搬不动的工厂和学校等重要目标采取了大肆破坏，企图留下一个难以收拾的烂摊子。各地的中共地下党积极行动起来组织保护工厂、学校和公共设施，口号是"人不离机器，机器不离人"。大多数工人都说"机器就是

李长文油画《兰州战役》，表现了彭德怀指挥一野部队攻克兰州的情景。

刘宇一油画《开国大典》，表现了1949年开国大典的盛况，此后几十年新中国崛起的历史事实，证明当年中国人民的选择是完全正确的。

我们的饭碗，谁敢砸我们的饭碗，我们就跟他拼了"！不少工厂的经理、职员也对工人护厂行动给予支持。重庆解放前夕蒋介石亲自坐镇城内，指定对二百余处重点目标进行破坏，结果因工人展开护厂斗争，绝大部分爆破计划都未得逞。武装特务乘车带着炸药冲进发电厂时，马上遭到工人护厂队围攻，被迫弃车狼狈而逃，山城在有电灯的光明中迎来了解放。

至1949年底，全国只有西藏、台湾两省区尚未解放，解放战争就此基本取得最后胜利。在全国解放战争的胜利凯歌声中，新中国诞生的礼炮也隆隆响起。

1949年10月1日，北京天安门广场举行了隆重的开国大典，向全中国、全世界宣布了中华人民共和国的诞生！此时全国解放战争从军事上看尚未结束，人民解放军仍在华南、西南地区进行着战略追击。不过从政治角度和历史分期来看，中华人民共和国的成立，标志着中国历史已经进入了一个全新的阶段，也意味着解放战争的全胜为中国革命战争画上了一个历史的句号。

历史雄辩地证明，新中国经过浴血奋战得以成立，从此改变了古老中国的命运。新中国成立后几十年建设取得的伟大成就，证明当年中国人民选择了跟随共产党推翻腐朽的国民党政权，走上新民主主义和社会主义的道路是完全正确的，我们的祖国也从此走向了繁荣富强。

第七章

跨过鸭绿江，军威世界传

新中国成立前夕，毛泽东在新政协会上曾庄严地宣布："占人类四分之一的中国人从此站起来了！"抗美援朝战场上的辉煌胜利，终于把这一"站起来"的口号变成了现实。中华大地上战火刚刚平息，美国就出兵朝鲜，并把战火烧到鸭绿江边。为保家卫国，毛泽东

抗美援朝时期画家古元所绘的宣传画《制止美帝侵略，我们才能建设》。这场战争打出了中国的国威，赢得了长期的和平建设环境。

为首的中共中央以极大的胆魄，毅然做了出兵抗美援朝的决定。中国人民解放军以"志愿军"名义先后派出297万部队入朝，同以美国为首的、打着"联合国军"旗号的"十六国联军"进行了两年九个月的激战，把敌军从鸭绿江边打回了三八线，并迫使其以妥协方式停战。抗美援朝战争取得的伟大胜利，就此奠定了中国在世界上的强国地位，新中国的军队也从此进入了现代化战争阶段。

"参战利益极大"，战略反攻奏凯

1949年末，中国大陆除西藏以外基本得到解放，但仍面临着剿灭匪特等反动残余势力和解放台湾、西藏的艰巨任务，还急需进行国民经济恢复及和平建设。树欲静而风不止，东邻朝鲜半岛燃起的战火，迫使中国不得不又进行一场大规模的战争。

中华人民共和国成立后，美国拒绝承认并继续让已经逃到台湾的国民党当局窃居中国在联合国的合法席位，还支援西藏等地的反动分裂势力。中国从国防和经济建设的需求出发，于1950年2月同苏联签订了中苏同盟互助条约，美国随

之制定了武装干涉台湾的计划，决定在远东政策上要更趋强硬。国际上两大阵营对立加剧的形势，也成为1950年6月25日爆发朝鲜内战的外部条件。

朝鲜战争开始时，只是朝鲜南北两方的内战，美国却宣布这是北方"入侵"南方（韩国）。两天后即6月27日，美国总统杜鲁门以此为借口，宣布美军将出兵朝鲜，这使原来的朝鲜内战变成了国际战争。

尤其令中国人民不能容忍的是，美国总统杜鲁门发表出兵朝鲜的声明中，又宣布出兵台湾，以"阻止对台湾的任何进攻"。美国海军第7舰队当天便进入台湾港口，空军第13航空队也随之进驻台湾岛内机场，并同国民党军"协防"以阻止解放军渡海攻台，中国统一事业的进程就此被打断。

美国除大力加强对侵越法军的援助外，还派出军事顾问团进入越南，开始介入印度支那战争。

朝鲜内战与中国的台湾及越南本无关系，美国却以此为借口，"三管齐下"对中国形成严重威胁。按照当时的形容，美国将三把刀插向中国——朝鲜一把插在头上，台湾一把插在腰上，越南一把插在脚上。已经站起来的中国人，此时再不能像旧中国那样任人欺侮，必须奋起反击。当中国同美国武装较量已不可避免时，可选择的战场有三处：台湾、朝鲜和越南。周恩来后来在志愿军干部大会上对此也曾总结说：

在朝鲜战场，这个对我们是有利的，我们也决定来抗美援朝。现在我们想一想三个战场，大家会懂，不论从哪条来说，如果在越南作战，更不要说是在沿海岛屿作战了，那就比这里困难得多了。

此时新中国还没有建成能够使用的海空军，自然难以在台湾海峡作战，出兵越南也不很有利，出兵入朝作战有三个最有利的条件：最有利于发挥陆军优势，最有利于后勤供应，也最有利于得到苏联的支援。

1950年6月朝鲜战争爆发后，朝鲜人民军一度占领了南朝鲜90％以上的面积，9月中旬美国在仁川登陆却切断了人民军的后路。接着，美国和南朝鲜军大举向"三八线"以北推进。此时苏联和朝鲜都急切盼望中国出兵入朝救援，而此时的中国"一穷二白"，百废待兴，同拥有世界上最强大的军事和经济实力的美国较量要冒极大风险。

1950年美国的国民生产总值达2800亿美元，拥有世界上最好的武器装备和最强的装备生产能力。同年中国的国民生产总值不过100亿美元，解放军使用的都是战争时期缴获的"万国牌"破旧装备，国内一架飞机、一辆汽车都不能生产。苏联虽然同意以"援朝共同负担"之名按半价向中国提供武器，但数量和质量却远不及美军，对中国入朝部队提供空军掩护的事，初则允诺后又变卦。在这种情况下，1950年10月上旬毛泽东召集中共中央负责人连续开会讨论，经过反复研究，最后还是做出了"以志愿军名义"入朝抗击美国侵略的决策。

后来交战的历史雄辩地证明，国际化的朝鲜战争是以平局结束的，新中国进行抗美援朝战争取得了伟大的胜利。正如毛泽东在出兵前所判断的那样——"应当参战，必须参战。参战利益极大，不参战损害极大。"毛泽东做出的出兵朝鲜的艰难决策，是一个对

已故军旅画家高泉油画《决策出兵》，表现毛泽东为首的中共中央开会讨论出兵朝鲜的场面。

世界历史进程有着重大影响的战略决策，体现出非凡的远见和保卫祖国的胆略。

　　中国军队入朝对抗世界上装备最精良的美国军队，首先遇到的一个难题，就是毛泽东所担心的"能不能打"。中央军委在出兵前曾考虑，先让部队到达平壤至元山以北地区修筑防御阵地，敌不攻我，我不攻敌，待苏联的武器装备运到后再视情况采取行动。10月19日，解放军东北边防军改称为"中国人民志愿军"开始入朝，此刻美军和南朝鲜军队正在高速向中朝边境推进，不久前锋已进至鸭绿江并向对岸的中国领土射击。双方在行进间便发生遭遇。

　　10月25日至11月8日，志愿军进行了入朝后的第一次战役，彭德怀称之为"遭遇与反突击战役"。由于志愿军入朝后白天隐蔽，夜间行军，实行了出色的伪装和隐蔽，敌军几天内都未发现这一行动。10月25日，南朝鲜军的一个营闯进志愿军第四十军隐蔽集结的温井地区，志愿军在两水洞公路两边发起突袭，以拦头、截尾、斩腰的战术，将其全歼。10月

吴云华油画《跨过鸭绿江》，表现了志愿军渡江抗美援朝的雄壮场面。

25日这一天，此后就被定为"抗美援朝战争纪念日"。

初战获胜，极大地提高了入朝部队的作战信心。彭德怀总结说："敌人离开了飞机大炮，攻不能攻，守不能守，只要我们充分利用夜间，实行大胆的穿插作战，是可以歼灭敌人的。"

11月1日傍晚，志愿军第三十九军进攻云山，同美国陆军最精锐的第一骑兵师（只是沿用历史番号而早就高度机械化了）首次交锋。志愿军先以突袭将敌打乱，再实行近战使敌人的优势火力无法充分发挥作用。美军被包围后，被迫丢弃大量重装备，在坦克的掩护下开始突围，结果途中遭志愿军截击，坦克大多被炸药包炸毁。据志愿军统计，云山战斗共消灭美军约1800人，击毁和缴获坦克28辆、火炮190门。

中美两军首战云山的结果，使得白宫和远东美军总部大为震惊，这证明中国确实已经出兵朝鲜，并有很强的战斗力。志愿军在云山能初战获胜，关键在于发挥了国内战争中形成的近战、夜战的传统，突袭接近敌人后就短兵相接，还以炸药包炸坦克，从而达到了以我之长、击敌之短。云山战斗作为一次对运动中驻止之敌的出色的夜间进攻战，在国际上也受到重视。日本陆上自卫队的《作战理论入门》一书，就将云山战斗作为模范战例编入。

云山战斗开始的同一天夜晚，志愿军入朝的五个军展开全面攻击。"联合国军"依靠机械化行军，迅速南撤退守清川江以南。这次志愿军以伤亡1万余人的代价，消灭了敌军1.5万人，其中大部分是南朝鲜军。不过这一战役的意义十分重大，就此粉碎了敌人在感恩节前占领全朝鲜的计划，志愿军拥有了战胜敌军的经验和信心。

1950年11月25日至12月24日，志愿军进行了第二次战役。这次战役的特点，是一次极其成功的迂回穿插和正面进攻相结合的运动进攻战。志愿军首先在西线粉碎了南朝鲜军第二军团，接着第三十八军经14小时行军72.5公里，插到了平壤至价川公路的交叉点三所里，一举切断了美第九军的后方道路。清川江以北的美军面临三面被围，陷入极度的恐慌之中，起初想以南北对攻打开通道。当时志愿军第三十八军被夹在三所里、龙源里一线，南北之敌相距不足1公里。部队头顶上有上百架飞机轰炸，地上有近百辆坦克的南北相对冲击，随身携带的弹药又多已用完。在这种情况下，指战员们利用缴获的武器与敌人搏斗。经过难以想象的顽强奋战，终于顶住了南北两面的敌人。美军见打通这条公路无望，随即丢弃了成千辆各种车辆，窜向西海岸，再沿那里仅有的一条公路逃向平壤。逃跑时还有3000余人被追击的志愿军俘虏。

志愿军用如此落后的装备顶住如此强大的对手，真是世界上罕见的壮举。指挥过卫国战争的斯大林得知这一仗的情况时，也不禁感慨说：中国军队真是一支伟大的军队！

志愿军主力在西线激战并收复平壤的同时，刚出国的第九兵团在东线也对美军展开围歼战，将长津湖边的美军陆战一师、第七步兵团分割包围。美军依仗装甲部队和空中支援，构成环形防御圈。志愿军第二十七军集中兵力歼灭美军一个团后，其他被围美军从12月1日起开始向南突围。突围之敌有大量飞机掩护和空投物资支援，并以集群坦克为先导，而担负阻击的志愿军不仅弹药大都耗尽，粮食供应也达不到最低需求的一半，气温又已降至零下40度，没有皮衣而只有薄棉衣的部队在饥寒交迫中严重冻伤3万多人，冻死4000余人，成为中国人民解放军战史上最严重的一次冻伤教训。

在长津湖畔这场严酷的苦战中，志愿军部队尽管饥寒交迫，仍然顽强奋战，表现了中国革命军队的高度坚韧性，第二十军中就出现了杨根思这样全国闻名的战斗英雄。面对美军以飞机和坦克群掩护的突围，第九兵团以尚能作战的部队依托公路两侧高地节节阻击和杀伤敌人，使敌人每天只能前进5~6公里。12月12日，被围美军侥幸地冲出包围，至12月24日全部从海上撤往南朝鲜，至此第二次战役完全结束。

张庆涛油画《杨根思》，展示了英雄杨根思的无畏形象。

第二次战役后期，"联合国军"狼狈逃往"三八线"以南。在南逃途中，美国在朝最高指挥官、第8集团军司令沃克中将也翻车死亡。中朝方面统计此役，共歼敌3.6万人，其中美军2.4万人。此役虽未歼敌主力，但取得抗美援朝战争中战略意义最大的一次胜利，从根本上扭转了朝鲜战局。此战的结果一时震惊了世界，美国著名大报《纽约先驱论坛报》称其为"美国陆军史上最大的败绩"。

1950年12月31日即除夕之夜，中朝军队9个军（其中志愿军6个军）向敌"三八线"防线发起全线进攻。此时美军因刚遭沉重打击，大多撤到二线休整，第一线的南朝鲜军因士气低落，遭遇攻击后即仓皇后逃。1951年1月4日夜间，志愿军第三十九军、第五十军进占汉城，第三次战役胜利结束。

志愿军入朝后迅速挺进500多公里，但面对美军的空中封锁，却出现了供应补充"青黄不接"的状态。自1951年1月25日起，以美军为主的西线敌军向汉城方向发起大规模进攻，志愿军以一部在汉江以南阻击，一部在横城取得反击战的胜利。2月13日，志愿军乘胜向横城以西的砥平里发起攻

志愿军第三十九军于1951年1月4日攻占汉城的历史照片。

击，经两天两夜激战，仍然僵持不下。这时敌援兵乘坦克冲入砥平里，志愿军不仅弹药大都耗尽，各部因缺粮多靠喝粥度日，被迫从2月16日起向北撤退。

中朝军队北撤时，组织了运动防御，平均每天只让敌前进1~2公里。3月14日，中朝部队主动放弃汉城，随后在节节阻击中继续给敌人以很大杀伤。4月初，中朝部队已基本撤至"三八线"以北，敌军因发现中国大量新锐部队到达，也停止了进攻。

第四次战役为国内援兵到达争取了时间，志愿军的兵力达到95万人。从4月22日至6月10日，志愿军和朝鲜人民军以70万兵力（其中志愿军54万）联合进行了第五次战役。

在为时7天的第一阶段的攻势中，志愿军遭遇敌军空前猛烈的火力阻击，虽然打得很英勇，全线推进了70~80公里，但据统计，只歼敌2.3万人，还未能成建制地歼敌团级规模的部队。

此时美军已掌握了志愿军进攻中的两个突出弱点——礼拜攻势、月夜攻势。所谓礼拜攻势，就是志愿军靠身上背的粮食、弹药打仗，进攻一个星期就会消耗光，后勤供应困难导致攻击没有后劲。月夜攻势，就是志愿军因火力差和没有制空权而只能夜间攻击，过于黑暗的晚间也行动不便，只能选择有月亮的晚间。

美军掌握了志愿军这两个弱点后，遇进攻便在晚间先逐步后撤，并以密集火力拦截。后退一星期左右，待志愿军缺粮、缺弹时便大举反扑过来。

　　5月16日晚，中朝军队以13个军（其中志愿军9个军）发起第二阶段进攻。攻击部队十分勇敢，使脆弱的南朝鲜军迅速崩溃。志愿军在三天内推进了50~60公里，部队后勤供应困难导致了前线各军大部断粮，因此决定攻势到此结束而后撤休整。此时美军统帅李奇微根据对中国军队"肩上后勤"能力的计算，认为其粮弹已基本耗尽，便投入以逸待劳的美军7个师作为主力，连同南朝鲜军共13个师开始全线反扑，并以坦克群和摩托化步兵组成"特遣队"在飞机掩护下沿公路向志愿军纵深迅速穿插。志愿军一些部队被敌切断，随即英勇突围同大部队会合，只有第一八〇师因领导不力遭受了严重损失。

　　第五次战役期间，志愿军两个阶段的攻势都取得了一定胜利，却未能成建制歼敌，收尾时又受到一些挫折。不过这一仗的最大意义，是使中央军委和全军上下真正认识到什么是现代化战争。通过八个月的运动战实践，志愿军体会到虽然可以一次次打败美军，却难以成建制将其消灭，进攻又无法持久。美军进行的战争是现代立体战争，志愿军没有制海权，就无法达成战略上的歼灭战；志愿军没有制空权，也就无法达成战役上的歼灭战。因此，在五次战役后毛泽东提出"零敲牛皮糖"，后来这话就成为打小歼灭战的代称。其作战方法，便是一小口一小口地吃掉敌人，一仗只打一个营、一个连，而且要争取当天晚间解决战斗。事实证明，这是中国军队战争史上的又一创举，也是世界现代战争史上的一个创举。

　　派兵出国作战，这在中国共产党历史上还是第一次。过去我国曾饱受外国侵华军队的蹂躏，中国共产党人从自己的亲身感受出发，当志愿军入朝后特别强调要尊重朝鲜的主

朝鲜画家宏顺正油画《冬日的阳光》，表现了志愿军女战士帮朝鲜阿妈妮做针线的情景。中国入朝部队走到哪里，都同群众打成一片，亲如家人。

权，同兄弟党、兄弟国家建立平等的友好关系。志愿军所到之处，都省吃俭用，努力帮助和救济朝鲜人民。朝鲜北部大部分群众的衣服、被子在战争中都被烧光、炸毁，志愿军尽管自身被服也不足，仍在1951年3月由政治部专门下通知要求，春季来临后全军部队把棉衣、棉被里的棉花掏出来，无代价地送给朝鲜灾民，而把掏出棉花的棉衣、棉被当作夹衣、夹被用。志愿军还发扬在国内的老传统，所到之处都给群众挑水扫院，朝鲜群众看到这种情景都十分感动。朝鲜后来有一首歌曲，里面的一句歌词是："亲爱的志愿军同志们，你们是世界上最可爱的人。"这的确道出了朝鲜人民的心声。

志愿军热爱朝鲜人民，朝鲜人民也关心爱护志愿军。每当夜幕降临，成千上万的朝鲜人民就聚集到公路线上和江河渡口为志愿军、人民军修桥修路，或者运输物资、抬担架。正是由于有这种支援，志愿军在后勤保障那样困难的条件

参加过抗美援朝战争并负过伤的画家郑洪流（已故）所创作的这幅油画，表现了朝鲜群众修路保障志愿军前进的场面。

下,才能够胜利地完成战斗任务。

抗美援朝战争的实践证明,在异国条件下进行人民战争,除需要本国人民在后方大力支援外,也要争取当地群众的支持,这一点又是以正义性来作为保障的。

"边打边谈"坚守防御,"地下长城"成为铁壁

1951年6月,志愿军进行的第五次战役结束,朝鲜战场上也打成僵局,双方同时在"三八线"附近转入了战略防御。在地面部队方面,中朝军队具有数量和战斗力上的明显优势;在海空军方面又是美军居于绝对优势。双方在朝鲜战场的整体军力基本形成均势。

朝鲜战争形成僵局后,美国统治集团感到自己深陷于一场打不赢的战争之中,不得不于5月间提出希望谈判停战,以免影响以欧洲为重点的全球战略。中国进行的抗美援朝战争此时也已基本达到了保家卫国和援救邻邦的目的,迫使敌人尽早以妥协方式结束战争,也有利于集中力量进行经济建设。

从1951年7月10日开始,中朝代表同"联合国军"的代表在"三八线"以南的开城开始了停战谈判(后将会址移至板门店)。由于战争并未停止,美方自恃有装备技术优势,想施加压力让中朝方面多做让步,交战双方就此进行了长达两年的"边打边谈"的斗争。

双方转入阵地对峙初期,因朝鲜北方的夏季洪水导致大量桥梁被冲断,美方看到中朝前线部队供应困难,于8月18日首先在东线50公里战线上对朝鲜人民军发起了"夏季攻势"。从9月29日至10月22日,"联合国军"又集中九个师对西线和中线近200公里的志愿军四个军的阵地发起了大规模的"秋季攻势"。与此同时,美军又对朝鲜北部交通线展开了空

中"绞杀战"，平均每天出动1000多架次飞机轰炸铁路和桥梁。这种前后方的双重打击，对志愿军构成了严峻的考验。

"能不能守"的问题，成为抗击敌"秋季攻势"时以毛泽东为首的中央军委最担心的问题。志愿军前线部队通过群策群力，终于找到了有效方法，就是根据敌人火力猛的特点，前沿部队采取带有坚守性质的机动防御，以少量部队在第一线疏散配置，二线保持强大的预备队。白天面对敌人强大的炮火、飞机和坦克协同的攻势，一线阵地往往会失守，天黑后志愿军又乘敌来不及修筑强固工事马上反击夺回。第二天白天阵地若丢失，晚间再以反击夺回。进行这种反复争夺战，志愿军伤亡虽然比较大，对方损失也不小。由于志愿军方面兵力数量占优势，且后备兵员雄厚，如此拼人力消耗对己有利。美国军方事后也总结说："敌人顽强防守，往往战斗至最后一人，使骑一师付出了重大代价。情况往往是，美军攻占了作战目标之后，兵力不足以抵抗敌方随之而来的强大反冲击。"

经过20天争夺战，西线美英军因损失过大，被迫停止攻击，说明志愿军这种拉锯式的反复争夺防御是有效的。在东线，志愿军第二十兵团又抗击了敌"坦克楔入战"。如在第六十七军防御的27公里宽的阵地前，美军便出动了280余辆坦克发起攻击，每天还发射炮弹5~10万发，出动飞机达100~130架次。第六十七军边打边补充，边抢修工事，白天失去的阵地再以夜间反击夺回。各师、各团又组织了反坦克队，在道路上设置了大量障碍，有效降低了敌坦克前进的速度。经十个昼夜激战，敌人推进了6~9公里后即被阻住。美军因其"坦克楔入战"损失较大而战果很有限，此后再也未敢使用坦克向志愿军阵地实行穿插。

1951年秋季，志愿军进行攻防作战，在朝鲜战争中具有极其重要的战略意义，显示出中朝军队完全可以守住现有的战线。美方在谈判中不得不放弃"海空补偿"的要求，于11月27日同意了中朝方面提出的以双方实际接触线为军事分界线的建议。

在抗击敌"秋季攻势"的防御作战中，志愿军构筑的坑道掩蔽部队数量虽然很少，却已充分显示出它的优越性。随后志愿军司令部要求全军动手构筑坑道，从1951年末开始全军上下一起"挖洞子"，半年之内第一线各军就修筑起190公里长的坑道。至1952年8月，第二线各军防御阵地上的坑道工事也基本完成。至此，在横贯朝鲜半岛的250公里长的战线上形成了一个有20~30公里纵深的以坑道为中心的防御体系。

坑道防御体系完善后，中朝联合司令部为大量杀伤敌人，迫敌早日在谈判中让步，又于1952年秋季在180公里宽的地段上向敌60个目标进行了77次进攻（其中志愿军进攻74次）。以1.07万人伤亡的代价，占领敌连排支撑点17处，杀伤敌人2.7万人。

对于志愿军创造的坑道防御体系，毛泽东给予了很高的评价。1952年8月他在全国政协会议上总结说："能不能守，这个问题去年也解决了。办法是钻洞子。我们挖两层工事，敌人攻上来，我们就进地道。"

规模宏大的坑道工事，保障了抗美援朝战争中战略防御的实施，中国军民称之为"地下长城"。有了坑道，这就继解决"能不能打"后，又解决了"能不能守"这一难题。

1952年10月中旬，"联合国军"面对志愿军的秋季战术反击，也采取了一次攻势，攻击

坚守坑道的志愿军在干渴时，只能接岩石上渗水饮用的历史照片。在这种艰苦环境下，部队仍斗志顽强。

王铁牛油画《上甘岭》，表现了志愿军坚守高地顽强奋战的场面。

目标是五圣山前志愿军两个连据守的两个高地（597.9高地和537.7高地）。由于高地下有一个小村庄叫上甘岭，志愿军抗击敌人进攻的这次战役就被称为上甘岭战役。

上甘岭的防御阵地只是两个山头，面积不过3平方公里，开始由两个连防御。这次作战持续了43天，由连、营规模的阵地争夺战斗逐步发展到战役规模。因战场狭窄，双方都只能以"添油式"的方法逐次投入兵力。美军、南朝鲜军轮番投入了三个师6万余人、坦克170辆、105毫米口径以上的火炮约300门，出动飞机3000架次以上，共发射炮弹约190万发，投掷航弹5000枚。为攻取两个连的防御阵地，集中这样密集的火力，在世界战争史上是罕见的。

志愿军在上甘岭作战中共投入了第十五军、第十二军的4个师以及炮兵第七师等部共4万余人。同时使用了75毫米口径以上的火炮（不含迫击炮）共114门，共发射炮弹40余万发，在单位火力密度上也创造了人民解放军战史上的最高记录。据中方统计，战役期间杀伤敌人2.5万人，志愿军伤亡1.15万人。

上甘岭作战因其火力和兵力的密集程度，被美联社报道为"朝鲜战争中的凡尔登"。这次防御作战的成功，表明了在敌人集中强大火力和众多兵力攻击一点的情况下，志愿军仍能守住现有阵地。志愿军坚守成功有许多原因，其中包括作战指导正确，步炮协同密切，后勤供应有充分保障，最重要的原因在于前线指战员的无比英勇。战役期间，志愿军曾有十六个连队的人员在表面阵地失守后退入一个坑道，敌人终日向坑道口射击爆破、放毒、投硫磺弹，洞内空气恶浊，缺粮、缺弹，尤其是几天喝不上水。洞内人员在建制已被打乱，伤员又占多数的情况下，组织了临时党支部和党小组，团结奋斗，终于克服了常人难以忍受的困难，最后配合增援部队夺回表面阵地。

在上甘岭战役中，出现了舍身堵枪眼的特级英雄黄继光，一级英雄孙占元、伍先华、胡修道。"上甘岭"一词，在中国成为英勇顽强精神的代名词。这一战役的事实证明，在现代化战争中，作战人员的勇敢和献身精神仍是取得胜利的重要保证。

美军向上甘岭进攻失利后，在前沿就一直采取守势。为了实现向敌人施加压力迫使其早日签订停战协定，1953年夏季中朝军队又以十二个军（其中志愿军十个军）的兵力于5月间至7月间发动了攻势。第一阶段的反击是打敌前沿连以下目标，第二阶段的反击对攻击目标的规模提高到营团一级，最远推进了6公里。7月13日至26日，志愿军进行了第三阶段的反击，这次反击成为抗美援朝战争的最后一次

崔开玺油画《黄继光》，表现了上甘岭战役期间的英雄黄继光跃起用身体堵枪眼那一刻的情景。

1953年7月,志愿军发起抗美援朝最后一仗——金城反击战的历史照片,坦克部队首次在白天直接掩护步兵突破敌防御纵深。

战役——金城战役。当时,中朝方面兵力空前雄厚,后方公路网已形成,海防有保障,前线又囤积了数月的粮食和大量弹药。在金城前线,志愿军集中了第二十兵团指挥下的五个军,加上配属一个军的炮兵和工兵,总兵力达24万人,配备了1360门火炮和20辆坦克。这样,志愿军在兵力上形成3倍于敌的优势,在火力上也形成1.7倍于敌的优势。志愿军在地面火力上对敌形成优势,这在抗美援朝战争的各次战役中是唯一的一次。

为避开敌人空中优势,志愿军的攻势选择在7月13日夜大雨欲来之际,首先以1094门火炮进行了7~28分钟的火力准备,发射炮弹1900吨。实施了抗美援朝战争中规模最大的一次炮击后,志愿军六个军发起猛烈突击,一小时内全线突破。至7月14日黄昏,志愿军已于21个小时内在敌人以坑道和钢筋水泥为主体的坚固防御阵地上推进了9.5公里,创造了双方部队在阵地战阶段推进距离的最高纪录。金城战役中志愿军共歼敌约5万人,连同战线上其他地段的战果,歼敌总数约7.8万人(其中俘虏3395人),而自身伤亡才3.2万人。

1953年夏季反击战役,无论在政治上还是在军事上都是一次较大的胜利。志愿军在向前推进的捷报声中结束战争，也向全世界显示了新中国是在胜利形势下签订停战协定的。

志愿军在战争中越战越强，除了积累了经验和改善了装备，重要的一环是解决了后勤供应问题。过去中国人民解放军在国内战场上通常采取"小米加步枪，仓库在前线"的就地补充方式，在朝鲜作战的供应却都要立足于国内运输，还要战胜敌军空中轰炸、海上炮击和地面特务骚扰的立体性封锁破坏。通过入朝初期后勤工作的实践，从中央军委到志愿军上下都认识到"千条万条，运输第一条"，后勤工作的主要任务是建成"打不烂、炸不断的钢铁运输线"。

志愿军后勤部门通过同敌军航空兵、远程炮兵和派遣特务斗智斗勇，自身建设在战争中有了很大发展，在力量构成上已形成铁道兵、汽车运输部队、防空兵、工程部队和警卫部队等多兵种合成的大军，既能保障供应，又能组织战斗。至1952年初志愿军供应状况有了根本好转，进入1953年后志愿军前线部队不仅能够保障供应，还建立了丰足的储备，至7月停战时各军还储备有可用八个月的粮食。部队入朝之初吃饭处于"一把炒面一把雪"的艰苦环境，甚至经常断粮，到战争后期可按毛泽东的要求达到每个官兵一天有一个鸡蛋，早餐大都有油条豆浆。供应的大幅改善，也进一步提升了士气，激发了指战员保家卫国的斗志。

孙立新油画《志愿军第一届后勤会议》，表现1951年周恩来亲自出席会议并指导后勤工作的情景。周恩来右边立者为代总参谋长聂荣臻。

中国军队后勤工作在抗美援朝战争中实现的历史性转变，对于全军的教益十分深刻。全军的后勤工作就此实现了一个历史性飞跃，终于迈进了现代化轨道。

技术兵种"边打边建"，炮兵、空军为建设重点

抗美援朝战争期间，根据中共中央"边打边建"的方针，新中国的军队将朝鲜战场作为演习场，以实战锻炼各技术兵种。通过这场战争，人民解放军的现代化建设从很低的起点上起步，三年间有了飞速发展，与世界先进军事科技水平的差距大为缩小。

解放军各军以志愿军名义入朝后，均以发展炮兵作为重点。志愿军入朝之初，炮兵数目不多且技术水平较差，前线部队主要靠步兵武器作战。从1950年年底至1951年春，中央军委在国内紧急组建了两个火箭炮师、三个反坦克歼击炮师和四个高射炮兵师。这些部队接收了苏联赶运到的装备后，只进行了一至三个月的突击训练，初步达到走得动、摆得开、打得响，即入朝参战。参战之初因缺乏经验、技术不熟练，往往是挨炸多，战果却有限。

志愿军转入阵地防御以后，敌人有坚固阵地为依托，志愿军的步兵武器对敌人的杀伤作用大大降低，火炮就成为杀伤敌人的主要武器。通过在阵地对峙作战中的经验，志愿军炮兵技术水平有了很大提升，在进攻的炮火中一般就能将敌工事摧毁70%以上，在防御中又能以集中射击打散敌人冲击队形并拦阻占领表面

表现炮兵第40团以火力掩护攻打马良山的油画。这也是志愿军炮兵部队在战争中壮大起来的一个缩影。

阵地之敌,使其无法扩大战果。

据美军统计,美军在朝鲜战场上的伤亡约60%是由对方炮火所造成的,这也说明新中国的炮兵经过这场战争真正变成了"战争之神"。

抗美援朝战争期间,解放军的高射炮部队也有了很大发展,由战前的两个师扩建为停战时的八个师,其中有六个师及大量独立的高射炮团、营先后入朝参战,共击落敌机430架,在掩护后方目标时也积累了丰富的作战经验。

志愿军入朝时,国内原有的旧式杂式坦克因质量太差,已不能参战。1950年秋季以后,苏军将十个现役坦克团调到中国,相应地解放军以十个团接收,共装备了坦克和自行火炮共500余辆。这些坦克部队随即分批轮流入朝参战,主要担任反坦克预备队,在没有制空权的情况下作为前线机动火力点。在傍晚或天气不利于敌人飞机活动时,志愿军坦克也掩护步兵实施了一些进攻,积累了现代战争中使用坦克的经验。

抗美援朝战争期间,中国空军又是发展最快的新型军种,这一发展又是在同世界最强手实战中边打边建的。美军航空兵在世界上处于最强地位,1950年空军拥有飞机1.7万架,海军拥有飞机1.4万架,国内还有数十万参加过第二次大战的飞行人员。美军在朝鲜战区的作战飞机保持在1000架以上,飞行员又都有超过1000个飞行小时的经历。相比之下,1950年6月中国空军才装备了60架作战飞机。10月志愿军入朝时,中国空军也只有三个旅(11月旅改称师),至年底前又紧急组建了五个师,然而每个师只装备几十架飞机,其中除第四师外还都刚刚开始突击训练,飞行员大都只有几十个飞行小时的空中培训。在这种情况下,中国的空军参加朝鲜上空的作战,空军自身乃至后方基地都要冒极大的风险。不过在面对风险的同时,中国的空军参战又有一个难得的机遇,

左：朝鲜空战的主角是美制F-86（前）和苏制米格-15（后）。这幅美国油画描绘了二者空中搏斗的场面——米格正对F-86咬尾攻击。

右：孙浩、张建岗油画《轰炸大和岛》，表现了中国空军的图-2轰炸机在朝鲜战场首次出动轰炸敌军的场面。

即通过利用最新式的机种同最现代化的敌人交战，可以迅速地在战争中学会战争，很快建设起一支强大的空军。

从1950年12月起，解放军空军第四师进驻安东附近的机场，在苏军掩护下进入空中初战阶段，主要达到了由不会作战到学会作战的目的。从1951年9月至1952年6月，中国空军进入了以大批部队正式参战的阶段，作战方式主要是参加大规模空战，配合苏联空军打击敌机群。1951年9月，空军经紧张训练，已有九个驱逐师和两个轰炸师可以参战。9月4日，空军和友军一起进行了双方有200多架飞机参加的激烈空战。

解放军空军的轰炸机部队，在朝鲜战场上也首次经受了锻炼。1951年11月6日和11月30日，空八师出动图-2轰炸机两次轰炸了大和岛上之敌。在出航途中，图-2轰炸机和护航的拉-11驱逐机，还与前来拦截的美军F-86战斗机展开空中格斗，击落美机3架，首创世界空战史上以活塞式轰炸机击落喷气式战斗机的先例。

中国空军在朝鲜西北角的作战，使美机在这一带的白天活动受到严重打击，美军将这一地区称为"米格走廊"。美国空军参谋长范登堡于1951年11月21日在记者招待会上曾感叹说："共产党中国几乎在一夜之间就变成了世界上主要空军强国之一。"

从1952年7月至1953年7月停战，志愿军空军进入了独立作战阶段。这一阶段的主要任务是保卫重要目标。1953年春季，因志愿军空军和友军都以大批新部队和新飞行员代替老部队参战，空战形势一度不利，空中战线又退回鸭绿江。不过这一阶段志愿军空军的技战术水平仍不断提高，并开始锻炼夜间作战。

经过抗美援朝战争，新中国的空军先后有十个驱逐师（即歼击机师）和两个轰炸师参战，672名飞行员和5.9万名地勤人员经受了实战锻炼。战时中国空军战斗机出动2457批，26491架次，共击落敌机330架，击伤95架。中国战机被击落231架，被击伤151架，共116名飞行员阵亡。

通过在战争中学习战争，新中国空军几乎是白手起家，从无到有，取得了举世瞩目的成就。从1950年秋天到1953年秋天仅三年时间，解放军空军发展到拥有23个航空兵师近3000架飞机，从战斗力的数量和空战实力看仅次于美苏，跃居世界空军第三位。

总计在两年九个月的抗美援朝战争中，以志愿军名义先后参战的解放军技术兵种共计16个炮兵师、10个坦克团、10个铁道兵师和12个空军师，按照1952年人民解放军定编的

左：美国油画《被击落的F-86》，表现了本国这种性能最优越的战斗机被米格飞机击落的场面。

右：表现米格-15（前）击落美国F-86战斗机的油画。当时中国参战飞机也涂朝鲜军徽。

苏军英雄飞行员阔日杜布少将（右二）在抗美援朝战争期间来中国传授经验时的照片。

部队计算，分别占总数的67%、55%、100%和52%。毛泽东曾在政协会上高兴地说："现在空军也有了，高射炮、大炮、坦克都有了。抗美援朝战争是个大学校，我们在那里实行大演习，这个演习比办军事学校好。"

朝鲜战争虽然是一场交战双方的目标和行动都有一定限度的局部战争，但规模仍然十分宏大。战争期间，交战双方投入兵力总计不下500万人。美国由于采取兵员轮战的形式，因此在朝参战兵力最多时为54万人，先后共有120万人以上参加过这场战争。中国也以轮战方式投入了自己的主力部队297万人入朝参战。在战争中，中国的军队越战越强，并且熟悉了现代化战争的战法。停战协定签字时，"联合国军"总司令克拉克就感慨说："我们的失败在于敌人仍然没有被击败，并且甚至比以前更为强大及更具有威胁性。我说更为强大的意思，是指共产主义的亚洲陆军已学会如何打近代的陆地战争。"

单纯从死亡人数（包括阵亡和后方不治的伤病人员）对比，中国共死亡19万人，朝鲜人民军死亡不足10万人，美军死亡5.4万人，南朝鲜军死亡22万人（"联合国军"其他成员国死亡人数相加总计不足1万人），双方军人死亡人数基本相等。在"联合国军"火力强度要高十几倍，技术条件又远远超过中朝军队的情况下，仅从双方的伤亡对比看，不能不说志愿军有着相当出色和高超的战斗效能。正是由于这一仗，全世界都不能不承认中国的军事强国地位。

为时三年一个月的朝鲜战争，是在双方处于平局的状态下结束的。新中国进行的两年九个月的抗美援朝战争，却是一个伟大的胜利，而且取得了令世界惊叹的战绩。回想1900年时两万人的八国联军就能横行中国直入北京，而1950年美国以联合国名义纠集的"十六国联军"刚接近中国边境就被打得狼狈南逃。通过这次战争，中国人恢复了自鸦片战争后一百多年间丧失的民族自尊心和自信心，这又成为中华民族实现伟大复兴的重要支撑点。

沈嘉蔚油画《朝鲜停战协定签字》，表现了1953年7月彭德怀在开城签署朝鲜停战协定的场面。他右侧坐者为李克农、乔冠华。

中国出兵朝鲜，达到了抗击美国侵犯我国边境和履行国际主义义务的双重目的。从军事较量的结果看，战争开始时志愿军的战线还在中朝国界线的鸭绿江，战争结束时战线已在鸭绿江以南500公里的"三八线"附近。苏联对中国出兵援朝也给予了重要回报，对华提供了称为"156项"的重点工程援助，帮助奠定了国内工业化的基础。中国人民解放军以志愿军名义派出作战部队轮流入朝，通过当时国际上最高水平现代化战争的锻炼，大大提高了战斗力，从此迈入了世界型现代化战争阶段。

第八章

固边守海防，长空筑防线

中华人民共和国的成立，标志着人民解放军的历史任务有了根本转变。此前战争的中心任务是武装夺取政权，也就是"打天下"，此后军队的基本任务是保卫国家政权和领土主权，创造一个和平建设的环境。全国胜利前夕，在中共中央七届二中全会上毛泽东就强调："人民解放军永远是一个战斗队。"新中国成立后国内虽然总体上进入了和平建设时期，国内外敌对势力的威胁破坏却仍然存在，解放军为此又进行了一系列局部战争和其他形式的军事斗争，既保障了国家的和平建设，也打出了国威军威。

木船能打败军舰，解放海南、万山

1949年人民解放军解放大陆时，国民党军残余力量主要逃到台湾、海南这两个大岛，并盘踞舟山、金门和万山群岛这些近海岛屿。为尽快解放敌占岛屿，解放军开始进行渡海作战。由于缺乏经验，渡海部队曾出现过金门登陆战失利，通过总结经验教训，接下来的海南岛战役取得了极其辉煌的胜利。

蒋介石逃台后，仍长期幻想在美国支持下能"反攻大陆"，1950年初剩余的50万军队有一大半放置在靠近大陆的岛屿上，其中在舟山有12万人，在金门有6万人，在海南岛有10万人。中共中央决定首先解放舟山和海南岛，再攻金门和万山群岛，最后解放台湾。

此时国民党军陆军虽然是溃败之师，但海空军还基本完整，拥有300余架作战飞机和90余艘舰艇。解放军在沿海还没有能使用的海空军，靠木船组织登陆作战难度极大，不过部队仍士气高昂地投入渡海的准备。

海南岛是中国第二大海岛，面积为3.3万平方公里，接近于台湾。中央军委赋予中南军区暨第四野战军攻占海南岛的

游健、徐天离油画《解放海南岛》，表现了解放军以木船渡海，解放祖国第二大岛的壮举。

任务，四野以第四十、第四十三军组成第十五兵团，由邓华司令员指挥。这两个军过去都是英雄部队，却是"旱鸭子"，从东北一路打到广东的多数指战员还没有见过大海，会游泳的人很少。让这些部队乘木船突破飞机、军舰的拦截，渡海登陆，真是世界战争史上少见的难题。

第十五兵团挺进到雷州半岛，看到茫茫大海后，一些官兵开玩笑说，要我们"将革命进行到底"，这会搞不好要进到"海底"了！不过部队仍全力以赴投入海上大练兵，学游泳、练驾船，经过三个月的训练，使"旱鸭子"大都变成了"水蛟龙"。部队在没有军舰的情况下，又在一些机帆船上装配了战防炮、火箭筒，变成了对付军舰的"土炮艇"。

1950年2月22日，第四十三军的一个副排长鲁湘云率8名战士驾一艘木船出海训练，被国民党军一艘护卫舰拦住，想活捉俘虏。解放军战士待双方靠近并以缆绳相接时，突然用手榴弹、冲锋枪向对方甲板上猛炸猛扫，打坏其舰炮，敌水兵死伤累累，其余都逃入舱内，最后该舰砍断缆绳，冒着烟狼狈而逃。

这次木帆船打败敌钢铁军舰的事例，一时在全军传扬，随后在海南岛战役中还一再上演。大举航渡当晚，国民党军出动第三舰队在海峡中间拦截，解放军准备好的"土炮艇"利用夜暗勇猛接近敌人，再用无后座力炮、火箭筒开火，一举击沉军舰1艘，击伤2艘，国民党军第三舰队司令王恩华也在旗舰"太康号"的指挥舱内被击毙，其余各舰就此纷纷逃避而不敢拦截。中国人民解放军能"以木船打军舰"，这在

左：解放军四野渡海部队登陆海南岛后同琼崖纵队会合的历史照片。

右：解放军在海南岛登陆的历史照片。

世界战争史上也创造了一个奇迹。

解放军渡海部队登陆前，吸取了金门作战时渡船不能往返运兵的教训，在广东全省征集到4000名船工和2100余艘船只，保证了一次运载10万人以上的登陆部队还有余。为探明敌情和积累经验，渡海兵力首先以一个团实行偷渡，上岸后很快同岛上的琼崖纵队会合，接着又陆续偷渡几千人上岛，使大部队一登陆就得到有力的接应。

靠木帆船渡海，受气候条件影响很大。解放军第四十军军长韩先楚了解到4月末谷雨之后就会有持续南风，必须抓住当前还有北风的时间，因此提议不要再等买到机动船，靠现有的木帆船也应尽快渡海。司令员邓华同意这一意见，并上报军委得到批准。

1950年4月16日，渡海兵团第一梯队5万人开始夜航强渡，至4月23日第二梯队渡完，10万大军全部顺利上岛。

向海南岛航渡过程中，船队选择天黑后起航，天明前登陆。途中粉碎了国民党军舰拦截，敌机夜航投下的照明弹和少量炸弹也未起太大作用。第一梯队登陆后，迅速击溃了守卫岛北部的国民党军两个军，岛内的琼崖纵队和此前已上岛的偷渡部队也向敌后方发起进攻。国民党军"海南防卫总司令"薛岳见继续作战势必全军覆没，而蒋介石因感觉守卫台湾的兵

解放海南岛雕塑，表现了四野渡海部队同琼崖纵队会合的形象。

力不够也不肯增援，守军只好急忙向台湾撤退。4月23日，解放军占领海南岛首府海口，随即向南追击，至5月1日占领整个海南岛。战役期间，人民解放军付出了伤亡、失踪共4500人的代价，击毙国民党军6000多人，俘虏2.6万人，还有近两万人溃散，只有5万敌军乘船逃往台湾。

从历史进程看，解放海南岛正好抢先在美国出兵台湾前夕。事后毛泽东接见第十五兵团司令员邓华时就说过："海南岛一仗，打得不错嘛! 有些事情，真好像事先算计好一样，要是晚打两个月，很可能变成第二个台湾。"

解放军攻占海南岛后，蒋介石侦知浙江沿海的解放军已准备好发起登陆战，便下令在5月中旬将舟山的国民党军全部撤往台湾。解放军随即渡海解放了舟山群岛，上海遭受空袭的威胁和长江口的封锁就此解除。

在福建方向，解放军第十兵团于1950年5月11日对福建省第二大岛东山岛发起进攻，经一夜战斗，占领了全岛，俘虏国民党守军2000余人，其余3000余守军乘船逃走。

在华南地区，国民党军从广州撤退后以一部盘踞珠江口外的万山群岛，封锁出海口。解放军于1950年5月下旬开始向万山群岛发起渡海作战，刚建立的人民海军也首次参战，成为解放军历史上第一次陆海协同登陆作战。

解放军参加万山海战的江防部队，是中南军区海军即后来的南海舰队的前身。当时这支刚成立的海军部队只搜集到破旧的登陆艇、登陆舰16艘，总吨位还不到1000吨。其对手是刚从海南岛撤出的国民党军第三舰队，有舰艇30余艘，吨位约1万吨。人民海军的指战员却发扬在陆战中的光荣传统，敢于拼搏，将装备占绝对优势的国民党海军打得丧魂失魄。

5月25日4时许，人民海军只有28吨的"解放号"炮艇在后续舰船没有跟上的情况下，孤艇驶入国民党军第三舰队停泊的垃圾尾岛海区，在黑暗中发现港内竟有20多艘敌舰艇，吨位相当于自己300多倍。"解放号"上只有装配20毫米口径炮1门、12.7毫米机枪2挺，又临时架设无后座力炮1门。负责指挥的副大队长林文虎是从泰国归国参加抗日游击队的华侨，还曾是著名的拳击运动员。他

江平1951年创作的油画《垃圾尾岛海战》，表现了"解放号"炮艇向敌舰队群发起攻击的情形。

回国后参加陆战曾五次负伤，有丰富的战斗经验和勇猛的精神。在双方力量悬殊的情况下，林文虎决定先打排水量1240吨的敌旗舰"太和号"，抵近突然开火。国民党军第三舰队代司令兼万山防卫司令齐鸿章当场被击中负重伤（返台湾后毙命），舰上还燃起大火。另一艘吨位更大的登陆舰"中海号"也被打中起火，垃圾尾岛上守军和港内舰艇遇袭后盲目开火，竟自相射击和碰撞，乱作一团。

天明雾散后，国民党军发现了港湾内的"解放号"这艘小艇，开始瞄准还击。林文虎不幸中弹牺牲，全艇19名官兵中有13人伤亡。艇长梁魁庭带伤驾驶炮艇，边打边撤，巧妙冲出密集火网返航。战后，海军为人民英雄林文虎烈士建立了纪念碑，并追认他为新中国第一位海军战斗英雄。

国民党军第三舰队继在海南岛一战中被击毙司令官后，此次遇袭又失代司令，军心动摇。 人民海军随后掩护陆军在一系列岛屿上登陆，并在 6月27日凌晨的海战中袭击国民党海军在外伶仃锚泊和在海上游弋的舰艇，击沉其炮艇1艘，击伤驱逐舰1艘，国民党军第三舰队只好逃往台湾。至8

新中国第一位海军战斗英雄林文虎（1920—1950）的雕像，在垃圾尾海战中他任广东江防部队舰艇大队副大队长，勇敢率艇深入敌舰队泊地作战牺牲。

20世纪50年代初表现解放军修筑康藏公路的宣传画。

月7日，解放军占领万山群岛全部岛屿，广州和珠江的出海口就此被打通。刚建立的人民海军虽装备简陋，首战就以英勇顽强的战斗作风压倒了国民党海军。

解放军在解放海南岛、舟山等地后，积极准备发起台湾战役。因美国军队于1950年6月下旬进入台湾，渡海攻台的计划就此终止，不过"解放台湾"作为统一祖国的奋斗目标，一直激励着全国军民为此而努力。

雪域高原大进军，完成平叛固边防

1949年12月末解放军进入成都，中国大陆各省区中只剩下西藏尚未解放。西藏在历史上就是中国领土不可分割的一部分，中共中央完成战略决战后，就把解放西藏提到议事日程上。中华人民共和国成立时，许多藏族爱国人士包括十世班禅都纷纷表示拥护新建立的中央政府，代表西藏地区反动农奴主和亲英势力利益的噶厦政府却加紧同外国勾结，想打出"独立"旗号以分裂祖国。为实现祖国的完全统一，中共中央在1950年初就做出了进军西藏的战略部署。

进军西藏之前，中共中央对噶厦地方政府进行了仁至义尽的争取，提出了实行民族区域自治、西藏现行政治制度和达赖喇嘛的地位不变等政策。噶厦政府却空谈即将派代表团赴北京谈判，几个月内竟毫无动静，被《人民日报》称为"只听楼梯响，不见人下来"。如此一味拖延，只能被视为阻止解放军进藏的缓兵之计。西藏地方当局还大力从国外购买武器，将藏军扩大至17个代本（一个代本约500人），并将三分之二的兵力派到金沙江西岸一线实行分区防御。

旧西藏没有一里公路，只有少数山间人行小路，解放军进军的最大难题就是如何解决供应问题。起初部队靠牛马和人力运输，不得不采取"一人进军，十人支援"的办法，还无法长期维持。为此，中央军委提出"一面进军，一面修路"的要求，并把修路当成解放西藏的头等任务。从1950年春季起，几万解放军和数万藏汉族民工开始修筑康藏公路，经四年努力才最终完成了这一世界公路修筑史上前所未有的高原通路。

西藏地方当局迟迟不肯进行和谈，中央派去的和谈代表格达活佛甚至遭毒害，因而1950年10月解放军发起昌都战役。这一仗的战场正面宽度达700公里以上，纵深达400公里，遍布高山峡谷，道路艰难，人烟稀少。解放军第十八军指战员面对高原地区缺氧、山陡、路险等困难，主要靠干粮充饥，步兵部队以人均负重40公斤、日行60公里以上的强行军日夜兼程前进。马匹在路上倒毙大半，战士们只好以所携粮食喂剩余的马，自己以死马肉充饥，最终完成大迂回包围了藏军主力。经过政治争取，藏军总司令阿沛·阿旺晋美率部全部放下武器。此役共解决藏军5700人，解放军战斗伤亡仅110人，非战斗减员却大大高于此数。

昌都战役被称为"解放西藏的淮海战役"，对促成和平解放西藏起到了关键性作用。此役使西藏当局赖以顽抗的军队大部覆没，和平解放已经不可抗拒。在全国解放战争史上，昌都战役作为最后一次战役，它的胜利结束标志着解放中国大陆的最后完成。

海军女画家张燕妮油画《进藏女兵》，表现了当年解放军第十八军克服艰难进军西藏时的女战士的形象。

1951年5月23日，阿沛·阿旺晋美所率的西藏地方政府代表团同中央人民政府代表团经谈判，在北京签订了《和平解放西藏办法的协议》（通称"十七条协议"），宣告西藏和平解放。协定签字后，解放军以后续部队修路，先锋部队靠自身背负和骡马驮运，进行了三个多月的长途跋涉，终于在9月间进入拉萨，使西藏回到祖国多民族的大家庭中来。

第十八军进藏后改称西藏军区，根据中共中央的指示，对当地上层人士实行了"八年等待"，争取他们进步并改革黑暗的农奴制。解放军部队还大力修路、建医院、办学校，改变当地的落后状态。坚持政教合一的西藏反动上层集团却顽固拒绝改革，同时得到美国和境外其他势力的支持，从1956年起鼓动康巴叛乱，1959年3月又以拉萨为中心在西藏发动全区性叛乱。解放军西藏军区部队在拉萨城内只有13个连的兵力，却迅速击溃了几千叛匪，接着全区平叛全面展开。叛乱集团利用美国空投的武器，培训"康巴游击队员"，在青藏高原上实行游动性的破坏袭扰，并打起宗教和民族的旗帜煽动当地人反叛。根据中共中央"边平边改"的精神，驻藏解放军部队和地方干部一面平息叛乱，一面实行摧毁黑暗农奴制的民主改革。大量工作队深入群众，没收叛乱的农奴主的财产分配给贫苦农奴和奴隶，并给他们以人身自由，很快使广大群众站到了人民政府一边。

"百万翻身农奴站起来了！"当年这一口号从青藏高原传遍中华大地。过去当牛做马并被农奴主随意买卖的农奴和奴隶真正得到了解放，并向过去残酷压迫他们的领主、贵族和高级僧侣展开了面对面的斗争，掀起了西藏历史上从未有过的革命风暴，这也是世界现代人权史上的一次伟大进步。

"感谢亲人共产党，感谢亲人解放军"的歌声，在西藏到处唱响。由于有翻身农奴的支援，解放军才能通过五年艰苦作战，至1961年终于获得了全面胜利。虽然有少数叛乱分子及其受裹胁的人逃到境外，西方反华势力又长期豢养达赖集团妄图分裂中国，却始终是徒呼奈何。

解放军在拉萨平叛时迫使盘踞布达拉宫的叛匪投降的历史照片。

民主改革的完成和平息叛乱，使西藏实现了从农奴制跨入社会主义制度的伟大进步，也粉碎了美国和国外其他反华势力利用叛乱武装分裂和扰乱中国的图谋。藏区平叛又是在少数民族地区进行的一场特殊条件下的人民战争，解放军能在世界上海拔最高、交通极其不便、自然条件异常艰苦的条件下打赢这场高原战争，除了不怕艰难困苦，还在于充分发动藏族群

解放军在西藏平叛时收缴叛乱分子武器时的历史照片。

众，表现出极高的政治、军事素质。那一代革命军人的忘我奉献精神，作为"老西藏精神"的重要内容，成为后来人学习的楷模。

西藏平叛斗争开始后，过去插手当地并继承了英帝国主义侵略成果的印度反华势力就挑起了中印边界冲突。1962年10月至11月，解放军对入侵的印度军队实施了反击作战，成为新中国建立后进行的第一次边境反击战。边界东段参战的主力——藏字419部队政委阴法唐后来回忆说，毛泽东在盛赞这次边境自卫反击战时提出，赞成这样的口号——"一

不怕苦，二不怕死"。解放军又一次在自然条件恶劣的高原地区作战，达到出手即胜，得到了全国人民的高度赞誉，也向世界显示了中国军队的威力。

中印边境自卫反击战是一场规模、时间都很有限的边界作战。中国获胜后主动撤军，以此表明以和平谈判解决边界问题，而反对以武力改变边界现状的一贯立场。获得胜利后就凯旋，也被一些外国舆论称为"潇洒之极"，军事上也能居于主动而避免陷入被动。毛泽东曾估计，中印边界上打了一仗，可以争取十年的边境安定（《新中国外交风云》，世界知识出版社1990年版，第76页）。中印边境自卫反击战的意义是多方面的，其最大的意义正在于赢得了中国西南边界长期的基本稳定。

浙东跨海登陆战，炮击金门打又停

当美国出兵台湾帮助国民党军"协防"并同时出兵朝鲜后，东南沿海的解放军部队在抗美援朝战争时期转入守势。1953年7月朝鲜停战后，中共中央决定首先解放浙江沿海岛屿。从1954年3月开始，解放军海军出动了舰艇和战机在浙东海面同国民党海空军进行了一系列战斗，基本掌握了制空权。9月，解放军在福建的炮兵部队两次大规模炮击厦

江平、吕恩谊油画《击沉"太平号"》，表现了解放军鱼雷艇部队首次出击便获胜的场面。

门对面的金门岛，引来国际
上的注目。

　　解放军炮击金门后，又
把攻击矛头指向江浙东部的
大陈岛。大陈岛上的国民党
守军有两万余人，北面的一
江山岛又是防守大陈岛的门
户。从1954年11月1日起，解
放军对大陈岛及其周围实施

彭彬油画《解放一江山岛》，表现了解放军在1955年1月登陆一江山
岛的情景。

空中轰炸，炸沉炸伤多艘舰艇。11月14日，解放军海军出
动6艘鱼雷艇，由雷达引导在夜间击沉国民党海军的主力舰
只之一——排水量1430吨的"太平号"。这次海战是解放
军鱼雷艇部队首次作战胜利，对国民党海军产生了很大的
震慑作用。

　　面对解放军在东南沿海的行动，美国宣布要用武力"保
卫台湾"，于12月2日同台湾当局签订了《共同防御条约》。面
对美军参战的威胁，毛泽东仍决定不能示弱，同意首先攻击
大陈岛的外围要点一江山岛。

　　1955年1月，人民解放军首次进行了陆海空三军协同作
战，攻克了一江山岛，全歼守军，共击毙567人，俘虏519
人。战斗中解放军牺牲393人，负伤1027人。这次战斗规模
虽然不大，却显示出人民解放军进行现代化战争的水平大为
提高。

　　解放军攻占一江山岛后，火炮射程可以覆盖大陈岛。
台湾当局只好求助于美国协助将守岛部队撤向台湾。1955
年春天，中共中央从政治争取的角度出发，提出"和平解放
台湾"的口号，解放军也停止了东南沿海的攻势行动。同年
中美两国开始进行大使级会谈，三年间只达成一项协议，

即各自的公民从对方国度可以回国。美国并没有松动对华冷战政策的迹象。

1958年7月，国际上发生了中东事件，美国出兵黎巴嫩。7月18日晚，毛泽东召集中央军委和空军、海军负责人布置任务时指出：支援阿拉伯人民的反侵略斗争，不能只限于道义上的支援，还要有实际行动的支援。金门、马祖是中国领土，打金门、马祖，惩罚国民党军，是中国内政，敌人找不到借口，而对美国则有牵制作用。

从7月下旬起，解放军空军转场进入福建各机场，开始同国民党空军进行空战，首先掌握制空权，掩护地面炮兵作战。从8月7日至8月22日，解放军空军连续四次同飞入大陆上空的国民党空军进行空战，共击落国民党军飞机4架，击伤5架，自己被击落1架。经过这四次空战，国民党空军一般不敢再进入福建上空。当时福建军民纷纷欢呼："现在我们头顶上也真正解放了！"

8月23日下午，解放军以459门火炮突然轰击金门，85分钟内发射炮弹3万余发，国民党军金门防卫部的两名中将副司令官赵家骧、章杰和澎湖防卫部中将副司令官吉星文被炸毙，台湾当局"国防部"部长俞大维被弹片擦伤。这次炮击达成了突然性，成为解放军炮兵历史上的一次十分成功的模范战例。

1958年8月下旬解放军炮击金门的历史照片。

"八·二三"炮战取得重大胜利后，解放军福建前线的陆海空三军部队着手对金门实行全面封锁。8月24日，解放军的鱼雷艇队拦截国民党军从金门外逃的船队，以鱼雷击伤大型运输舰"中海号"，击沉"台生号"。同时，金门岛上的机场遭炮火封锁，国民党军对金门的海

解放军空军转场入闽的历史照片。当时装备的是苏制米格-17歼击机及国产仿制型歼-5。

运、空运一时停顿。

美国政府为对中国实施"战争边缘政策"威吓，决定派出军舰为国民党军运输舰只护航。9月8日，当解放军前线指挥员发现美舰驶近请示时，毛泽东决定只打蒋舰，不打美舰。当天中午，国民党军运输船靠近金门时，解放军炮兵突然开火，发射了2.17万发炮弹，"美乐号"登陆舰当即中弹起火爆炸而毁。此刻美国军舰急忙退到料罗湾以南5~12海里处徘徊观望，未发一炮。福州军区政委叶飞事后回顾说："经过这一次较量，就把'美帝国主义'的底全都摸清楚了。""蒋介石千方百计想拖'美帝'下水，而我们则力求避免同'美帝'发生直接冲突，'美帝'也极力避免同我发生直接冲突，这就是当时台湾海峡非常微妙的三方形势。"

游健油画《炮击金门》，表现了1958年8月解放军海军的海岸炮兵参加炮击金门的场面。

韩柯、彭彬《炮击金门》油画，表现了1954年解放军在福建前线对金门的国民党军实施炮击。

金门遭受封锁一个月后，美国要求蒋介石退出金门、马祖，以台湾海峡为界实现"停火"，蒋介石则把金、马作为他仍"代表"全中国的象征，拒不撤退。毛泽东认为如单独夺取金门而不能同时解决台湾问题，美国制造"台独"或"两个中国"将更为便利，因而在10月3日至4日的中央政治局会议上指出：如果我们收复金、马，或者让美国人迫使蒋介石从金、马撤退，我们就少了一个对付美蒋的凭借，事实上形成两个中国。

根据留下金门、马祖以便组建反美统一战线的战略意图，10月5日毛泽东指示福建前线从次日起停止炮击，中央军委也确定了"打而不登、封而不死"的决策，对金门一个多月的封锁至此解除，此后的炮击进入一个打打停停的阶段。由于台湾当局仍不肯接受和谈，毛泽东要求前线部队单日打炮，双日停火。单日打炮表示中国内战仍然存在，双日不打是让国民党军固守金门，并对台湾军民表示中国共产党和平解决台湾问题的诚意。当时美国总统艾森豪威尔曾以惊奇的口气称，这种打法是"一场滑稽歌剧式的战争"。"单日打、双日停"这种象征性战争，完全变成了一场地地道道的政治仗。

解放军实行"单日打、双日停"的炮击后，金门国民党军也照此办理。中共中央又要求打炮尽量不要打死人，此后双方的炮弹都打到无人的滩头地带。1961年末，解放军的炮击由实弹改为打宣传弹，对方也仿效此办法。这种象征性的炮击，至此成为台海两岸一种奇特的对话形式，一直持续到1979年元旦，大陆方面宣布停止对金门、马祖的炮击为止。从后来两岸关系发展的进程看，解放军炮击金门这种特殊形式的斗争，为促进祖国统一做出了历史性的贡献。

防空作战二十年，痛击美蒋各型机

新中国成立后，中国大陆转入了和平建设，美国和台湾地区当局从1949年至1969年仍不断派遣飞机入窜进行侦察、袭扰，相当于进行了一场世界战争史上时间最长的空中战争。美国生产的各种新式侦察机、战斗机如U-2、P-2V、F-4等都相继在中国上空被击落，解放军在"魔高一尺，道高一丈"的较量中也大大提升了防空作战水平。

美国中央情报局对中国大陆进行全面侦察时，为避免损失本国人而使用台湾地区的飞行员驾机，侦察资料则归己。起初使用的夜间侦察机由二战时期美军大型的B-17轰炸机改装，机上十几个乘员分别负责驾驶、截收信号、监听。起初解放军空军缺乏夜战设备，这种RB-17G侦察机得以乱窜，有的连续飞越大陆九省。1956年以后，解放军从苏联输入一批米格-17全天候型歼击机和相应雷达，于1959年5月29

1961年末，空军司令员刘亚楼（前）观看被高炮击落的国民党空军P-2V飞机残骸。

为美国侦察服务的P-2V低空侦察机起飞前的照片。全机有13个乘员，每次被击落都是全体毙命。

日夜间将一架RB-17G击落，机上14人全部丧命。

看到普通的夜航侦察机易被击落，美国便改用适于超低空的侦察机P-2V和高空侦察机U-2。解放军的防空重点就此变为打"一高一低"，即对高空用地对空导弹打U-2，对低空则用各种方式打P-2V。

P-2V侦察机为在夜间隐蔽行动而漆成黑色，亦称"黑蝙蝠"，一般低飞到200米以下，钻山沟、贴海面飞，靠先进的电子设备能及时探测发现前面的山头而自动爬高，对其攻击的飞机很难瞄准，低空追踪它时还容易撞山。起初，解放军飞机追击P-2V时连出事故，高射炮部队却探索出了有效战法。1961年11月6日夜，一架"黑蝙蝠"从韩国起飞进入辽东半岛侦察，接近时被雷达发现。城子瞳附近的解放军6个高射炮兵营做好准备，照灯兵奉命将"黑蝙蝠"放近至5公里时才突然开灯照射目标，100多门高炮集中开火。从探照灯照中目标到飞机坠地只用了30秒。这一飞机因飞行高度只有200米，中弹坠地时只有一人来得及跳出，也因伞未完全张开即落地而摔死，其他12人随机毙命。

P-2V在辽东半岛被击落后，国民党空军隔了7个多月才恢复该型机侦察，采取进一步降低飞行高度，结果"黑蝙蝠中队"在一年多内各有一架飞机坠海和撞山，进入大陆的飞行时间也大大缩短，且不敢过于深入。解放军经过反复演练，发明了被称为"神枪""神炮"的两种夜间低空攻击形式。其方法是在米格-17爱夫型飞机上加装照射灯，追踪到敌机后尾时，先在800米外用机上搜索雷达跟踪目标，然后突然开灯，照中目标即开炮射击。1963年6月19日夜间，飞行员王文礼与地面雷达引导员密切配合，在江西崇仁上空击落一架"黑蝙蝠"，机上14人全部毙命。王文礼也被空军授予"夜空猎手"的荣誉称号。另一打击方法是两机并攻，即以一架飞机在高空投掷照明弹，一架飞机在低空通过光亮搜寻目标，使P-2V一旦被发现就难逃脱。"黑蝙蝠"因超低空飞行，难有跳伞机会，每次坠落时都是全机13人一齐死亡。国民党空军的"黑猫中队"总计毙命148人，占全队人员总数的2/3，在台湾空军各单位窜犯大陆时创造了损失最惨重的纪录。

U-2是美国于1955年8月首飞的高空侦察机，随后半个多世纪在世界各地为白宫决策者提供了许多重要的侦察照片。作为间谍飞机，U-2有三个绝技：一是飞得远——最大航程7000公里；二是飞得长——续航时间9小时；三是飞得高——最高可达2.3万米。尤其是这一飞行高度会让世界任何一种歼击机和高射炮都打不到，美国中情局为此吹嘘："U-2型飞机可以在任何时间，前往世界上任何地点去完成侦察，而不必担心被击落。"

1957年10月，中苏签订了国防新技术协定，苏联同意将刚研制出的世界上最新型的萨姆-2型防空导弹提供给中国。1958年10月6日，中国空军在北京郊区清河的高级防校内成立地空导弹第一营，从此有了地空导弹部队。由于当年中国的财力有限，不能大量进口昂贵的地对空导弹，只能建成三个地空导弹营，当作拳头部队在关键地点使用。

表现美国制造的U-2侦察机遭受地对空导弹攻击的油画。

　　1959年10月7日，是一个永载世界防空史的日子。当天，一架爬高2万米的RB-57D高空侦察机从台北起飞，在中国歼击机无法拦截的高度窜到北京通县上空。装备萨姆-2不过4个月的中国空军导弹二营在雷达捕捉目标后，三发齐射，一举将其击落，驾驶员毙命。这首开世界防空史上用地空导弹击落敌机的纪录。

　　美国发现中国装备了地对空导弹，便使用飞得更高的U-2侦察机，由国民党空军的"黑猫中队"驾驶入窜大陆，并避开北京等重点地区。此时解放军地对空导弹营只有3个，仅装备几十枚导弹，因中苏关系破裂又不能补充新导弹，本国仿制工作还未成功。用这点防空兵器在某一地点守株待兔，很难打下敌机，解放军便采取游击战法，以"诱敌"之计引U-2上钩。

　　1962年9月，解放军以轰炸机佯动吸引U-2飞抵南昌侦察，已等候在此的导弹二营马上以萨姆-2地空导弹将其击落，设计了"黑猫队徽"的飞行员陈怀毙命。此次击落U-2，

中国军民在被击落的美军
高空无人机前举行庆祝搜
捷会。

是世界上继苏联之后的第二次，一时轰动了全球。

　　美国为继续使用U-2进行侦察，在机上安装了电子规
避装置，发现对方雷达波即可躲开。解放军也研制了相应
装置，并采用"近快战法"，将苏军规定的制导雷达发现
目标后8分钟完成各种动作的要求缩短到20秒。1963年11月
1日，导弹二营在江西上饶采取这一方式又击落U-2一架，
飞行员叶常棣跳伞被俘。1964年7月7日，一架U-2在福建漳
州上空的导弹二营埋伏区被击落。
1965年1月10日，一架U-2飞临包
头后，被地空导弹一营用反回答式
干扰法击落。

　　1966年，中国仿照苏联的萨
姆-2制造的国产红旗-2地对空导
弹终于成功定型，并投入批量生
产，就此能组建较多的地对空导
弹部队。1967年9月9日，解放军在浙
江嘉兴上空用国产红旗-2防空导

美国教官（中）同驾驶U-2的"黑猫中队"队员合影，这些人
相当于美国的雇佣兵。

190　　热血长城

表现中国的歼－6歼击机（下）同美军F-4"鬼怪"战斗机空中格斗的绘画。

弹击落了第五架U-2。损失惨重的"黑猫中队"士气越来越低，美国也鉴于侦察卫星和无人机可投入使用，随后停止了"黑猫"对大陆的侦察飞行。

1965年越南战争扩大后，美国飞机轰炸越南时也屡屡飞入中国境内侦察挑衅。解放军在中越边境附近开始了一种称为"打擦边"的特殊作战，即打擦边界入窜中国领土的飞机。

这种"打擦边"，是一种不进入越南以免扩大战争的特殊空战。作战时，空军以航空兵、雷达和高炮部队相互紧密配合，要抓住稍纵即逝的战机。1965年9月20日，海军航空兵以歼-6双机将一架入侵海南岛上空的美军F-104战斗机击落，飞行员史密斯跳伞后被活捉。同年10月5日，空七军又在广西上空击落美军RA-3D侦察机一架。

1966年5月12日，美国空军4架F-4"鬼怪"战斗机掩护一架电子侦察机窜入云南省纵深地区达40公里。解放军起飞4架歼-5迎敌，击落RB-66电子侦察机一架，击伤敌F-4C战斗机一架。解放军空军一架歼-5飞机也被美机发射的导弹击落,飞行员牺牲。这是中美两国空军战斗机在朝鲜战争后的第一次交战。当时因苏援停止,中国空军的主力战机歼-5同美军的F-4"鬼怪"战斗机相比已落后了一代,对方已使用了空对空导弹,中方还使用航炮。在飞机性能处于劣势的情况下,中国飞行员不畏强敌奋勇拼杀,尽量靠近敌机打近战,避开其导弹的攻击。尽管这一次解放军的歼击机被击落了一架,却积累了作战经验。

1967年6月26日,航空兵十六团在海南岛以歼-6双机起飞拦截美军F-4"鬼怪"战斗机,接近敌机再开炮,击落F-4一架而我方无损失。后来,解放军歼击机还一再击落美军攻击机,并击落了相当数量的美国高空无人侦察机,这些坠落的无人机还成为我国研制同类飞机的样品。

1969年中苏出现武装冲突,美国为利用这一矛盾,停止了对华空中侦察,新中国持续20年的国土防空作战就此结束。通过这场持续时间长、斗争形式极为复杂的空中特种战争,解放军有力打击了美蒋对大陆领空的侦察袭扰,为国家建设提供了有效的头顶保护。

援越抗美出国门,再战美机勇拼搏

20世纪60年代初期至70年代中期,当美国入侵越南、老挝和柬埔寨,挑起第二次印度支那战争时,以毛泽东为首的中共中央又做出了秘密出兵入越、入老,协助进行抗美战争的决策。在这场斗争中,解放军进行了激烈的反空袭作战和战地施工,经受了新的现代化战争的考验。

在越南劳动党"解放南方"的游击斗争取得重大进展后,1965年2月7日美国宣布开始对北越进行"报复轰炸"。此后8年间,美国共向越南投弹达570余万吨,超过第二次世界大战中美军总投弹量的一倍半,成为世界战争

解放军援越部队开出广西边境的友谊关进入越南时的历史照片。

史上规模最大的轰炸。当时我国除向越南提供大量物资援助外，解放军又先后派出近40万部队进入越南、老挝，直接参加了防空作战和战勤支援。

1965年6月9日，我国第一支援越工程兵部队开始秘密出境，他们均身着越南人民军式样的服装，对外不发消息。随后中国铁道兵也入越抢修遭轰炸的铁路并新建铁路线，以确保越北铁路在遭受不断空袭的情况下仍能正常运行。与此同时，中央军委又做出解放军防空部队入越轮战的决定，不仅保卫了越南北部，也以战场实地练兵提升了防空作战水平。

从1965年8月1日起，中国援越高炮部队开始由广西、云南方向入越，至1968年3月共有陆军、海军和空军各高射炮部队以轮流作战的形式派出16个支队（相当于师）共63个团，以及部分独立高炮营、高射机枪连和勤务分队共15万人入越参战。

中国的抗美援越宣传画，表现了以高炮对抗美机的场面。当时中国援越部队均着越南军装。

解放军高炮部队入越时的装备，仍是抗美援朝战争时用于防空的37毫米口径和85毫米口径的苏式或仿苏式高射炮，对付超音速的美机已有许多困难。高炮部队指战员研究了多种打法，

中国人民解放军入越高炮部队的历史照片，当时他们都换上了越南军装。

仍能发挥旧式武器的威力。1965年8月9日，第61支队在安沛地区击落美军F-4战斗机1架，首开我国援越部队击落美机的纪录。各部还吸收抗美援朝战争时的作战经验，以固定目标的防护和游动射击相结合，射击的命中率大大超过朝鲜战争时期。

1965年10月5日，19架美机向宋化铁路桥轮番攻击，高炮609团2营奋战69分钟，击落美机5架，俘虏飞行员1名。1967年3月10日和11日，美军出动107架飞机对太原钢铁基地进行轰炸，高炮62支队因遭反辐射导弹攻击被迫将雷达关机，依靠光学瞄准设备捕捉目标，经两天奋战击落美机18架，俘虏飞行员10名，并使钢铁基地的主要目标完好无损，取得入越后防空作战的最大一次胜利。

越南战场上进行的防空作战，战斗之激烈和斗争方式之复杂，也是以往战史上所未见的。美军使用了当时世界上最先进的轰炸技术，以各种手段来对付高炮阵地，其中包括先进的气浪弹和子母弹。在战斗中我国援越高炮部队不顾伤亡，以顽强的战斗精神坚持战斗。

美机实施轰炸时，一再从20至30公里外的距离向高炮阵地的炮瞄雷达发射"百舌鸟"反雷达导弹。一开始，援越部

中国援越高炮部队保卫北
江大桥的历史照片。

队雷达遭到攻击达84次，被迫经常关闭雷达。后来雷达兵通
过总结经验，采取远距离仍照常开机搜索，待美机接近发射
"百舌鸟"后，雷达天线立即背向运转，使这些只能循脉冲波
飞行的"鸟"成为"盲蝇"，纷纷坠地爆炸，雷达因而较少受
到损失。

在越南北方为时三年多的防空作战中，我国高炮部队共
击落美机1707架，击伤1608架。据美国宣布的数字，其固定
翼飞机在越战中坠落和被击毁2600架，其中约四分之三损
失在北越上空（其余损失在南越）。越军空战和苏联萨姆导
弹击落美机总计不过200多架，其余损失绝大多数由高炮造
成，其中大多数又是中国高炮部队的战绩。

在激烈的防空作战和繁重的战勤支援工作中，中国援越
部队共牺牲1100人，负伤4200人。三年间中国共派出32万铁
道、工程、防空、通信部队入越，在越最高保持量为17万人。
中国还向老挝派驻7万工程兵和防空部队进行战勤支援，并
进行了较长时间的防空作战，先后击落美国和万象政权的飞
机35架。

通过同世界空中最强手的长年较量，解放军建设起一

在越南的中国援越抗美烈士陵园的墓园。

支经验丰富的航空兵和地对空导弹部队,并进行了最早的电子战实践,这些宝贵经验对后来的国防建设也有重大参考价值。

中国支援越南及印度支那三国进行抗美救国战争,是中华人民共和国成立后持续时间最长、花费最大的一次援外军事行动。中共中央为支援世界各国人民的反侵略斗争,反抗美国对中国的威胁,决心进行援越抗美斗争。尽管后来出现了一些始料不及的情况,也有一些值得总结的经验教训,但中国军民进行的这场斗争还是正义的行动,在世界人民反帝斗争史上有着重大意义。人民解放军在这场国际性的战争中又一次经受了现代化战争的锻炼,进一步提高了自己的技战术水平。

第九章

建军展新图，常规加尖端

1949年中华人民共和国成立时，接手的是一穷二白的烂摊子，国家经济形态的90%还停留在古代式的农耕状态，仅在东北和上海等地有一点残缺不全的工业设施还主要依赖外国技术。旧中国连一架飞机、一辆汽车都不能制造，甚至像铁钉、火柴、镐头、水泥这些产品也靠进口，因此称之为"洋钉""洋火""洋镐""洋灰"。新中国成立时，解放军总数已达500多万人，却主要由单一的步兵构成，作为主要武器的200多万支步机枪还是出产自十几个国家，被称为"万国武器博览会"。面对如此状态，新中国成立后，毛泽东就发出号召："中国必须建立强大的国防军，必须建立强大的经济力量，这是两件大事。"

　　现代化的国防军，必须是多兵种的合成部队，主要靠步兵武器打天下的人民解放军从此走上了建设合成军的道路。同时，人民解放军还在新形势下发扬过去革命战争中的光荣传统，面对和平环境下的种种新挑战而永葆人民军队的本色。

坚持革命化，又搞正规化、学文化

　　新生的人民政权全面建立后，过去主要在农村战斗生活的人民解放军的领导机关和相当多的部队进入了城市，一些人还掌握了动用钱、物的权力，不可避免地要面对种种诱惑。能否保持人民军队的革命本色，能否坚持同群众打成一片，这就成了军队长期面对的新问题。

　　当全国胜利即将到来时，1949年3月毛泽东在中共中央七届二中全会的报告中便强调指出："可能有这样一些共产党人，他们是不曾被拿枪的敌人征服过的，他们在这些敌人面前不愧英雄的称号；但是经不起人们用糖衣裹着的炮弹的攻击，他们在糖弹面前要打败仗。我们必须预防这种情况。夺取全国胜利，这只是万里长征走完了第一步。"毛泽东还告诫全党全军说："务必使同志们继续地保持谦虚、谨慎、不骄、不躁的作风，务必使同志们继续地保持艰苦奋斗的作风。"此后新中国几十年的发展史以及人民解放军的建设史，都证明了毛泽东的这一预见和提醒具有极其重大的历史意义，两个"务必"始终是人民军队建设的长久要求。

解放军进城后，许多来自贫苦地区的干部战士马上遇到过去从未见过的"灯红酒绿"，一些敌对分子和经济犯罪分子又对部队进行腐蚀拉拢，扬言要让共产党的部队"红着进来，黑着出去"。刚解放的上海是国内最大最繁荣的城市，城内最热闹的商业街是南京路，某部八连长期担任了这里的警卫工作，面临着严峻的考验。战士上岗时，有些犯罪分子就以金钱诱惑以求为其放行，有些妖冶的女人也来纠缠。在连党支部的领导下，干部战士一起抵制这些"香风臭气"，严守纪律，一尘不染，八连就此被称为"南京路上好八连"。此后几十年来，"好八连"一直成为人民解放军全军学习的楷模，1963年毛泽东也写过一首三言体的《杂言诗·八连颂》，里面称赞道：

好八连，天下传。

为什么？意志坚。

为人民，几十年。

拒腐蚀，永不沾。

面对新的历史环境，党内和军内的许多领导干部以身作则，带头坚持艰苦朴素的优良作风。如身为中国人民解放军副总司令和中国人民志愿军司令员的彭德怀，新中国成立后一直是生活俭朴的典范。他在朝鲜前线时，总是与基层干部同甘共苦，部队吃不上菜的时候他也坚持不吃菜。1951年冬天志愿军总部机关开展"三反运动"时，彭德怀以一个普通党员身份同党小组的三个警卫人员一起讨论如何勤俭节约、杜绝浪费。警卫员向彭总提出：你的烟卷可以不抽，棉衣也可以再穿一年。彭德怀算了算账，一个月抽烟要花公家12元钱，确实是个浪费，身上的棉衣补一补也可以再穿一年。于是他宣布戒烟，身上仍继续穿着那件旧棉袄。1952年回国之后，彭德怀主持军委日常工作达七年，一直以高风亮节影响了全党全军。

在倡导全军保持艰苦奋斗作风时，中共中央和军队领导机关还一再开展整风，整治打击贪污腐化和浪费现象。1950年5月1日，中共中央就发出《关于在全党全军进行大规模整风运动的指示》，强调要切实整顿部队的思想作风，重点是领导干部。过去各部队处于分散活动的战争环境中，经常需要自己解决供应问题，众多单位都有自己的"小金库"。自统一的国家政权建立后，中央军委实行了全军统一供应，财政也实行按制度统一管理，禁止各单位再有额外收支，并将各部队的"小金库"一概收缴归公，禁止"公私不分"的开销。1951年12月，全军又开展了"三反"运动，各单位都动员起来揭发和严打"老虎"（即贪污分子），虽说这一运动出现了一些扩大化，却促进了全军严格规范财务管理，在许多年间形成了全国人民一致称颂的良好的清廉风气。

1955年解放军全军实行军衔制、薪金制

武警画家罗田喜的油画《南京路上好八连》的局部，表现了该连队在20世纪60年代发扬艰苦奋斗作风的情景。

老画家张文源油画《战士的秘密》，表现了彭德怀在朝鲜前线和战士们打成一片的情景。

之后，军官和士兵之间的待遇差距较过去有所扩大，军队内也滋长了一些干部高高在上、脱离群众的现象，以毛泽东为首的中共中央对此高度警惕。1956年11月，毛泽东在中共八届二中全会上再次强调："我是历来主张军队要艰苦奋斗，要成为模范的。"（《毛泽东文集》第7卷第162页）1958年8月，毛泽东又提出："所有的'长'——军长、师长等，都至少当一个月的兵。"9月20日，总政治部根据这一指示作出了《军队各级干部每年下连当兵一个月的规定》，当时各大军区的上将、中将司令员、副司令员以及其他中高级干部，都穿上士兵的服装，到连队重温过去当普通一兵的生活，接受班长、排长的管理和领导，不得有特殊化。

从将军起的各级军官定期去基层当兵，这是世界军事史上的一个创举，体现了中国共产党人走群众路线的光荣传统，也促使军官不脱离士兵，坚持了官兵一致的老作风。后来因种种原因，这一做法没有坚持下来。习近平担任中央军委主席后，又实行了军官下连队当兵的制度，以此在新时期的军队建设中体现了党的群众路线。

1963年国内掀起学雷锋运动的宣传画。

在解放后的新环境里，毛泽东一直强调政治工作的生命线地位，要求军队始终保持良好的思想风貌，涌现了许多先进人物和单位，雷锋是其中最具代表性的典型。这位入伍不过两年多的战士，生前一直发扬艰苦奋斗的作风，处处体现出乐于助人的精神，被称为具有平凡而又伟大的共产主义精神的楷模。

1962年8月雷锋因公殉职，翌年3月毛泽东发出"向雷锋同志学习"的号召，全军乃至全国迅速掀起了学习雷锋的高潮。通过学习雷锋运动，极大地推动了全军的政治建设。那个年代里的解放军在全国人民中间有着崇高的威望，解放军走到哪里，好事做到哪里，"活雷锋"在许多年间是人民群众对部队最好的赞誉之称，军民团结的传统也在新形势下得到发扬光大。

在新中国成立后国家工业化和世界科技迅猛发展的形势下，人民解放军的革命化、现代化建设又离不开提高文化水平。旧中国科学文化水平极其落后，新中国成立时人口中有近80%是文盲，全国统计有初中以上学历者只有1.3%。据1950年初的统计，解放军中文盲达全军总人数的70%左右，在这种多数成员是"睁眼瞎"的基础上怎能建成一支掌握现代化装备的军队呢？

早在革命战争中，红军、八路军、新四军和解放军就一直注重要求参军的人学文化，那些身经百战的干部和老战士大都是在部队中学会认字，学到基本的社会科学和自然科学知识，不过还缺乏系统的教育。新中国成立前后的参军者，又占全军人数的一半以上，这些人大都来自没有上过学的贫苦农家。为了实行新中国成立初期就提出的"建设现代国防"的要求，1950年8月1日中央军委发布了关于在军队中实施文化教育的指示。尽管国内还在进行剿匪等军事斗争，在朝鲜前线还有激烈的战斗，部队还是利用战斗间隙，在野地、战壕架起黑板设立课堂，开展了学文化、扫盲运动。据统计，全军的文盲和半文盲由1951年占部队总人数的67.4%的高比例，至1952年末下降为30.2%，至1954年在军队中就扫除

卢德麟创作的宣传画《提高文化，向现代化、正规化国防军前进》，这是新中国成立初期军队建设的口号。

了文盲。

提高干部的科学文化水平，又是全军学文化的重点。新中国成立时，解放军的干部中据统计还有1/4是文盲，其余的人也多是经部队业余教育达到了简单识字和会算数的水平。为迅速改变这一文化落后面貌，20世纪50年代前期全军建立院校达246所，其中一半以上属于文化学校性质。到50年代后期，解放军干部大多数都达到了中学以上的文化水平，掌握新的军事技术也就有了基础。

现代战争的战术，需要建立在相应的技术水平之上。解放军大多数指挥员是在万山丛中、青纱帐里的游击战中摸爬滚打出来的，对如何率领步兵打冲锋、送炸药包是行家里手，对如何指挥炮兵、坦克、工兵乃至于陆空军的协同作战却很生疏。过去在革命战争中，中央军委就强调"建军先建校"，由此开办了红军大学、抗日军政大学等著名院校，如抗大总校和分校在全面抗战的八年间就培训出10万名干部。不过当年的教育基本属于速成性质，缺乏系统的教育，也很难学习现代科技。新中国成立后，中央军委对干部的培训就立足于建设现代的合成军，目的是培养精通各军兵种知识的指挥员。

1950年10月下旬，当志愿军进入朝鲜时，毛主席便急电催促西南军区司令员刘伯承到北京筹办陆军大学，后经研究决定在南京建立军事学院。1951年1月15日，中国人民解放军军事学院的成立典礼在南京举行，毛泽东高度评价了军事学院成立的意义，认为它"标志着中国人民建军史上伟大转变之一"。

新中国成立后，毛泽东对搞好军队干部的培训有着急迫感，认为我们的国防工业是日日有进步，而人才培养还赶不上。南京军事学院建立后，从解放军原有干部中找不出多少懂得现代合成军知识的教员，除了请苏联派出专家帮助外，经刘伯承提议和中央军委同意，从不久前起义、投诚和被俘的国民党军的高级军官和教官中选调人员前来任教。南京军事学院开办之初，旧军官在教员中的比例占70%，在教授技术兵种课的教员中占90%以上。

1951年刘伯承元帅在南京组织建立"中国人民解放军军事学院"，这是学院考试时的照片。

看到不久前刚起义、被俘的国民党军官来教自己，不少刚从军队领导岗位上来校的学员心里不服气，感到不该让自己不久前的手下败将来教自己。军事学院院长刘伯承知道这个情况后，马上召开学员大会进行批评说："他们传授军事科学和文化知识，就是我们的老师。我们就要尊重他们，协助他们搞好教学。"

用败军之将来教胜利者，体现了共产党人的广阔胸怀，也反映了共产党人尊重科学和尊重人才。

1950年抗美援朝战争开始后，解放军从苏联引进了大量新技术装备，却严重缺乏有新军事科技知识的人才，中央军委便决定尽快建立相应的军事技术学院。军委起初曾考虑按各军兵种分别建立，后因财力和技术力量有限，决定先建

军旅画家李明峰油画《运筹——陈赓受命》，表现了志愿军副司令员陈赓从朝鲜回国受命建立哈军工的情景。

设一所综合性学院。1952年3月18日，代总参谋长聂荣臻和副总参谋长粟裕呈送了《关于成立军事工程学院的报告》，以此为各特种兵培养军事工程技术干部，解决武器修理、装配和设计问题。八天后，毛泽东便批示同意，随后又选中出身黄埔军校又有长期战争实践经验的陈赓主持筹办工作。经过一年多的紧张筹办，1953年9月1日哈尔滨军事工程学院（简称哈军工）举行了开学典礼，陈赓担任首任院长。

在20世纪50年代至1966年"文革"之前，哈军工成为全国最有名的军事院校。学院初建时设5个系、26个科、72个班，开学时就招收1000多名学员，各系、各专业开设了几百门课程，许多专业课程在国内是前所未有甚至未闻的。苏联虽提供了全面帮助并派来了几十名专家指导，但他们习惯于搬用本国那一套方式来要求中国，同解放军的传统出现了一些矛盾。

当时国内掀起向苏联学习的热潮，甚至强调"不走样地学"。哈军工院长陈赓因经历过反对教条主义为中心的延安整风，特意为此事同周恩来一起向毛泽东请示，得到的答复是：在军事科学技术方面要全学人家的，在军事行政管理与训练方面主要是学习人家的正规化建设与训练方面的经验，在政治思想工作方面要发扬我军数十年来行之有效的思想领先、政治挂帅的传统，不搞一长制、命令主义。

根据毛泽东的这一指示精神，陈赓在哈军工提出了对苏联学习的方针是"科学技术上全

新中国成立初期宣传中苏两国两军友好的宣传画。当时国内号召全面学习苏联，不过在军事上有所取舍。

中苏两国人民和军队的友谊万岁

学,政治上不学,军事行政上半学"这一方针,后来也成为解放军向苏军学习的指导原则,这就在学习世界先进军事科技时也保持了军队的中国特色。

引进新型装备,建立正规制度

新中国成立之前,解放军已经有了22年的战斗历史,从游击队逐步发展为正规军,主要依靠在战场上缴获敌人的装备武装自己。不过长期的分散行动也带来一些负面问题,那就是全军缺乏统一的制度和纪律要求,带有自行其事、不规范的游击习气。

南京军事学院成立之初,院长刘伯承召开训练会议时就对一件事感触很深。他看到在坐的苏联顾问都是军装笔挺,坐姿端正,中国的军队干部则多数衣冠不整,风纪扣不系,有的还敞胸露怀,有的用手在身上搓泥搔痒。想到这些过去特殊的历史环境遗留的问题,刘伯承大力推进正规化、现代化的教育,把过去游击战中认为是理所当然的做法当成必须纠正的"游击习气"。

新中国成立之初,毛泽东就认为过去"装备的简单低劣,编制、制度的非正规性,缺乏严格的军事纪律和作战指挥的不集中、不统一和带游击性等等",是军队建设"处于比较低级阶段"的表现,同时认为"我们现在已经进到了建军的高级阶段,也就是进到了掌握现代技术的阶段"。新中国建立了统一的国家政权后,解放军能向苏联大量订购军用品,国家现代工业的建立又使解放军以制式的先进武器改善部队装备具备了条件。新中国成立后,解放军便按照现代战争的要求建立了海空军,陆军也

1954年11月,刘伯承(右一)组织军事学院成员到山东平度县观摩集团军进攻海岸的防御演习。左一为陈伯钧,右二为肖华。

由过去几乎是单一的步兵向包括步兵、炮兵、装甲兵、工程兵、通信兵、防化兵等在内的合成军种发展。

1949年11月，解放军空军正式成立，采取了先办校、后建部队的方式，突击培训空勤和地勤人员。1950年6月，空军建立了第一个航空兵旅。经过抗美援朝战争，解放军空军进行了当时世界上最高技术水平的空战，至1953年空军已发展到23个航空兵师，拥有作战飞机3000架，从数量上仅次于美、苏两国而居世界第三位。

解放军于1949年4月举行渡江战役时，最早建立了华东海军领导机关。同年12月，人民解放军海军领导机关建立。至翌年春，华东军区海军和中南军区海军两支部队建成，共有以小型炮艇为主的舰艇百余艘，总吨位仅4万吨，其中大都破旧不堪，难以出海作战。随后因抗美援朝战争爆发，原定为海军购舰的款项大都转用于购买飞机，海军主要发展一些小艇。1953年以后，解放军海军建设得到加强，不过因财力所限，实行了以"空（航空兵）、潜（潜艇）、快（快艇）"为主的建设方针，在20世纪50年代后期至60年代形成了一支近海防御力量。

解放军陆军的现代化建设，开始以炮兵为重点。新中国成立时，解放军已建立起了4个师、77个团的炮兵部队，火炮却大都陈旧不堪，且产自美、日、德等不同国家。抗美援朝战争开始之后，中央军委确定了"大量发展新的炮兵，同时加强老的炮兵"的方针，先后进口和接受了苏军的各种地面压制火炮4000余门，实现了武器的标准化，弹药和配套器材也能得到充分保障。出于防空需要，1949年11月之后，解放军又从苏联大量进口高射炮，并建立了分别配属陆海空军的高炮部队。

新中国成立时，解放军原来缴获的400余辆美、日旧式坦克都属轻型，又因缺少零配件而很快被淘汰。自1950年秋抗美援朝战争开始，在四年多时间里国内共进口了苏制坦克、装甲车3000余辆（以T-34坦克为主）。这些装甲车虽然是第二次世界大战中的产品，却已经成为陆军中的一支重要突击力量。

抗美援朝战争期间，解放军在国内的部队和以志愿军名义入朝的步兵部队都以进口武器实现了全部换装。截至1954年，中国用苏制武器和仿制品装备了106个步兵师、18个地面炮兵师、8个高炮师、3个坦克师和23个航空兵师，在历史上首次实现了全军装备的标准化、序列化。

1955年解放军首次实行军衔制时换装55式军服的形象。左上为身着元帅装的彭德怀，右上为雷锋。

以标准化的装备改变了过去武器杂乱的状态，过去来自不同根据地的解放军就迫切需要统一化的标准管理制度。在朝鲜战场上进行的现代化战争的实践，证明军队需要统一的训练、纪律并按级别指挥，尤其是合成军队行动时又要以军衔来辨别指挥员的等级。志愿军司令员彭德怀有一次在夜间外出，看到不同部队拥挤在一条公路上，因各自的领导干部军装上没有衔级，不知应该听谁指挥，谁也不让谁，他就此深感佩戴军衔的重要性。

新中国成立初期，为了实现军队的正规化、现代化，中央军委结合以往的传统并参考苏军的条令条例，在1951年颁发了内务、纪律、队列条令（草案）并在全军试行。此后几年间，军委逐步颁布了三大条令——内务条令、纪律条令、队列条令，使军人的言行举止有了规范。同时，全军建立了正规化的三大军事制度——军官薪金制度、士兵义务兵役制度、全军军衔制度。

陆耀文创作的宣传画《保卫祖国是中华人民共和国每一个公民的神圣职责》，表现了20世纪50年代中期国家实行义务兵役制。

军旅画家李明峰的这幅油画,表现了1955年授军衔时十大元帅的形象。

抗美援朝战争结束后,根据全军转入和平建设新时期的新形势,1954年,在中央军委召开的扩大会议上确定了新时期的建军方向,强调了正规化、现代化的任务。1955年9月,军衔制度第一次在解放军中实行。朱德、彭德怀、林彪、贺龙、陈毅、刘伯承、聂荣臻、徐向前、罗荣恒和叶剑英十人被颁授了元帅军衔,粟裕等十人被授予大将军衔。另外,有1000多位高级将领分别被授予上将、中将和少将军衔。全军各部队指战员也都先后被授予了从大校到列兵的各级军衔。

肩上有了"牌牌",这不仅是荣誉的象征,更重要的是代表了军队正规化发展的方向。虽然在实行军衔制的问题上后来又走过一段弯路,在1965年以后又一度取消了军衔,不过这次军衔制毕竟是一个重要的开端。

1965年解放军取消军衔制后换上65式军装,这一军装样式随后持续了20年。

加强军队现代化合成建设时,中央军委在20世纪50年代又强调了精兵原则,解放军大量减少了步兵(一些减编师只保留少量人员作为"骨架"以待战时扩编),加强了技术兵种。从1951年至1958年，全军总数从626万减少到237万。由于国家经济实力增强，军队装备改善，内部结构趋于合理，中国的国防力量更加强大。

进入20世纪60年代后，由于对战争形势估计得比较严重，加上执行其他政治任务的需要，解放军的员额又有大幅增加。全军人数在1962年增至355万人，1965年超过500万，1969年达到631万人。军队建设的实践证明，在和平时期如保持过多的兵员数量，会把大量军费用于"人头费"即供养费，反而影响国防科研和武器装备的投入，"兵贵精不贵多"才是正确的指导方针。

抗美援朝战争结束之前，中国共产党领导的军队一直在战争中成长，在战斗中练兵，战场等同于训练场。转入和平建设时期后，军队技战术水平的提高就要依靠训练。从20世纪50年代前期起，全军统一规范了训练内容和方式，主要着眼于现代战争条件下演练如何作战。1955年中央军委在辽东半岛举行了集团军级规模的抗登陆演习，参加的实兵超过10万人，由叶剑英元帅担任总导演，并从全军抽调干部前往观摩，这就大大提高了各级军官指挥现代战争的能力。

进入20世纪60年代后，由于指导思想的变化，解放军较少进行大规模的演习，突出了分队和单兵技术的训练。经叶剑英元帅提议，1963年全军推广了"郭兴福教学法"，主张从难、从严、从实战出发训练部队，在教学方法上主张启发式、诱导式、研讨式，力争把战士训练活、训练精。1964年初，担任军委秘书长、解放军总参谋长的罗瑞卿大将在推广"郭兴福教学法"的会上提出全军比武的建议，随后在各军兵种都掀起了"大比武"的训练热潮。同年6月，毛泽东、刘少奇、周恩来、朱德、邓小平等领导人在北京还观看了北京、南京部队和民兵分队的表

1964年毛泽东观看北京军区、济南军区的军事汇报表演时察看国产56式半自动步枪。左为总参谋长罗瑞卿，右为北京军区司令员杨勇。

演，对部队的训练成果给予了充分肯定。

1965年以后，由于"左"的思潮滋长，主持军委工作的副主席林彪对全军"大比武"持否定态度，"突出政治"的口号冲击了军事正常工作。自1966年以后的一段时间内，由于"文化大革命"的影响，军队主要任务是参加政治运动，训练工作被放到很次要的位置。1971年"九一三"事件后，受毛泽东委托主持中央军委日常工作的叶剑英在抓军队整顿的同时，又逐步恢复了正常的训练工作，不过受当时的条件所限，训练水平还难以得到大的提升。

常规装备国产化，"两弹"尖端项目突破

在过去的革命战争中，人民军队的武器来源主要靠战场缴获，当时的作战方式就是人称的"小米加步枪，仓库在前线"。进入朝鲜战场后的实践证明，再也不能靠敌人当"运输大队长"送来武器。美军强大的火力使志愿军战场缴获数量不多，而且缴到的装备因其型号与中方装备不同也使用不便，因而志愿军的武器弹药只能立足于后方供应。通过抗美援朝战争，全军装备得到很大改善，不过武器大都是以半价记账的方式从苏联购买。没有自己的国防工业的国家，在军事上就只能是一个依赖于他人的"软骨动物"。

旧中国留下的是一个既贫穷而又满目疮痍的烂摊子，国民党中央政府和各省军阀虽建有一些兵工厂，但充其量只能仿造少量步枪和轻型迫击炮，每年的弹药生产能力仅几千吨。相比之下，第二次世界大战期间美国、德国和苏联的

年弹药生产能力都达300万吨以上。

1950年2月，中苏签订了友好同盟互助条约，苏联曾提议中国可以用向其订货方式解决武器装备。以毛泽东为首的中共中央却从独立自主的原则出发，一方面引进苏联的武器装备，另一方面努力建设自己完整的军工体系。1951年中央成立了兵工委员会，负责组织全国的军工生产，开始生产各种杂式武器的弹药，随后统一仿制苏式武器，并在自身努力和苏联的技术帮助下很快提升了生产水平。

20世纪50年代，中国争取到苏联援华的"156项"重点企业建设，国防工业企业就占了44项，而且覆盖陆海空军所需的各种常规装备，并达到全面配套，从步枪、冲锋枪到各种火炮、坦克都能自己生产。这样，中国在建设起工业化基础的同时，也完成了在当时世界上相对比较先进的国防工业的奠基。

抗美援朝战争期间，苏联对华提供的武器除了作战飞机外，几乎都是第二次世界大战中使用过的旧品。自1954年起，刚上台的苏联领导人赫鲁晓夫因自身地位尚不稳固，急需在中国革命和抗美援朝战争中树立起很高威望的中共中央给予政治支持，因而提升了对华援助水平，提供了现役的常规装备的样品、生产技术和相应设备。有了这一条件，中国军工部门和解放军在物质极其困难的情况下开始了国防工业的艰苦创业，在荒原中迅速建立了几十所大型军工企业，靠非凡的智慧和努力学习钻研，短短几年内便通过仿造苏式装备制造出新型的飞机、坦克、火炮。如50年代后期国内生产出的56式步兵武器（冲锋枪、半自动步枪、轻机枪等）、59式坦克、歼-5歼击机（仿苏联米格-17）等，都已经达到当时世界上较先进的水平。

新中国建立的军工事业不仅起点高，还注意立足于自

表现1956年我国国产的第一种喷气式飞机——歼-5试飞的油画。

主自立。中国不仅买到苏联的工厂设备,更重要的是掌握了生产技术,同时还建立了自己的科研机构。中国国防科研部门的领导聂荣臻元帅等人通过同苏联的交往深深感到,别人卖给你的武器,充其量是次先进的。像中国这样一个大国,长久地向人家买武器,或者总跟在人家后面仿造,必然受制于人,而且在最重要的武器领域也不可能跃居世界最先进水平。学他国之长,走自己之路,才能根据我国特色和具体需要走出一条正确的武器装备发展之路。由于有这种指导思想并有自主研制的准备,进入20世纪60年代之后苏联领导人赫鲁晓夫中断合同并撤退专家之时,我国的国防工业仍然能继续运转下去,而且还能走上自主创新发展之路。

新中国通过引进苏联技术和设备,自己努力学习仿造并掌握了相应技术,常规武器的生产水平有了飞跃发展,在1956年以后还成为世界上仅有的几个能生产喷气式作战飞机的国家之一。不过这些武器毕竟是机械化时代的产品,此时世界上的主要军事强国已经迈进了核子、电子时代,若是在这一尖端领域中不能迅速赶上,中国在军事上同发达国家的代差将始终无法弥补。同时,面对着国际上的强权政治,没有核武器就没有大国的地位。从中国的安全角度看,如果遭受帝国主义的核袭击,我国必须有起码的还击手段,才能够

1959年国庆天安门阅兵中,坦克和自行火炮组成的装甲兵方队的照片。行进在前面的是中国刚制造的33辆59式中型坦克。

有效地制止帝国主义的核讹诈。以毛泽东为首的中国领导人在这一关系到国家命运的重大问题上，表现出卓越的远见，在尚未完成飞机、汽车和坦克的独立生产时便决定发展核弹和导弹。实行这种"超越式"发展，为中国较快地跨入有核国家的行列奠定了坚实的基础。

1954年中国在广西发现了铀矿，国内也有一些留学归来的高水平的科学家，具备了建立核工业的一些基础。同年国庆节，毛泽东在赫鲁晓夫访华时提出了在核武器方面给予援助的希望，对方却以中方不具备这方面的条件予以婉拒。1955年1月15日，毛泽东在中南海主持中央书记处扩大会议上，确定了发展核武器的决心，并拍板说："我们自己干，也一定能干好！"

为发展中国的尖端武器，以毛泽东为首的中共中央努力吸收各方面的人才，立足于自力更生的前提下，借鉴世界先进科技成果。1955年，中国留美科学家钱学森冲破种种阻挠回国后，毛泽东很快接见了他，听取发展尖端武器的意见。经周恩来提议，军委还授予这位第二次世界大战后期美军上校军衔的获得者以解放军中将军衔。1957年秋天，中国利用有利的国际环境，争取到苏联短期内给予的核技术和导弹技术的帮助，人民解放军由此建立起自己的核试验基地和最初的导弹试验部队。

核武器特有的性能威力，决定了它的试

骆根兴所绘的这幅油画，表现了钱学森在总理所住的西花厅和周恩来、聂荣臻（左）讲述研制导弹规划时的情景。

中国邮政发行的纪念"两弹元勋"邓稼先的邮票。

验场必须选定在偏僻的人烟稀少之地。1958年志愿军刚刚从朝鲜前线完成撤军，未洗征尘的官兵又开赴西北荒原。根据军委的决定，以志愿军两个兵团司令部为基础，建成两个重要试验基地。一时间，从海外学成归国的优秀科学家、大学刚毕业的年轻学子、战场上功勋卓著的指挥员和战士，纷纷来到这片沉寂的大漠边缘，每天面对着孤山冷月下的戈壁荒滩，开始了艰苦卓绝的创业。为了保密，他们对外通信都没有具体地址而只有信箱号，对亲友甚至是配偶都不能讲自己从事的工作。例如"两弹元勋"邓稼先是很年轻便留学归国的学者，人称"娃娃博士"，为了搞核弹他放弃了原来的专业，不向亲人说明原由就来到荒原大漠，成为埋头奋斗的无名英雄。尽管他们对外不能说明具体的工作性质，在那个时代却有一个在全国讲起来最为自豪的工作名称——搞尖端武器！

几十万军队官兵、上千科技人员和全国几千个单位协同努力，终于在短期内结出了世界科技史上发展速度最快的丰硕成果。1960年苏联撤走专家中断援助后，中国军队和科研机构完全依靠自力更生突破了一系列技术难题。1964年10月16日，中国第一次原子弹试验爆炸成功，西部大漠之中的蘑菇云伴随着巨大的轰鸣腾起，使整个试验场为之沸腾，整个国家也是一片欢腾，整个世界则为之震惊！那些一向傲慢的西方人，也不

军旅画家骆根兴油画《光荣岁月》，生动描绘了两弹元勋们在导弹发射场的情形。中立穿军装者为钱学森。

得不重新审视我们这个古老却又焕发了新活力的民族。1967年6月，中国又顺利进行了氢弹试验，成为世界上继美、苏、英之后第四个能掌握这种威力最大的核武器的国家。

在我国的核弹研制起步之际，发展导弹的工作也随之开始。1956年3月周恩来主持军委会议，听取了钱学森关于发展导弹的设想，接着成立了导弹研究院，由钱学森担任第一任院长。中国起初以苏联提供的样品进行仿制，1960年11月成功地发射了第一颗以国产材料仿制的P-2型近程地对地导弹，从此又有了一种新的打击手段。此后，因苏联中断援助，我国导弹的发展走上了完全自力更生之路。

原子弹研制成功后，我国又抓紧解决运载工具问题。鉴于轰炸机有着易被防空火力拦截等缺点，中国发展核打击力量以导弹核武器为主。1966年10月27日，我国进行了第一次核弹与导弹结合的发射试验，这一成功又标志着"两弹"结合形成了有效的核反击能力。在以后的岁月里，我国的战略导弹不断发展，从近程导弹发展到中程导弹，又发展到远程导弹，并研制出射程上万公里的洲际导弹。

从1965年开始，中国核潜艇研制工作正式起步，1974年8月建成的第一艘核潜艇编入海军现役。尽管当时的技术还不完全成熟，却为后来的发展奠定了基础。

中国发展核打击力量是以导弹核武器为主的，经毛泽东批准，1966年7月人民解放军的序列中又增加了一支装备导弹核武器的兵种——第二炮兵。中国虽然一直在世界上坚定地主张禁止和最终销毁一切核武器，然而只有拥有核武器，

1964年10月16日，中国第一颗原子弹爆炸试验成功时的照片。

1960年毛泽东观看中国首次发射成功的试验型探空火箭的历史照片。

才能有效地反对核武器。

在新中国成立后的很长时间内，中国虽然是一个大国，但毕竟还是一个穷国。如1959年国内生产总值虽达到1440亿元，折合510亿美元，只相当于美国的1/11和苏联的1/6，不可能在国际上参加军备竞赛。在国防建设上，新中国采取了"两条腿走路"的原则。毛泽东就指出，只讲导弹、原子弹、氢弹不行，人民解放军搞现代化，既要搞洋办法，也应该搞点土办法，例如民兵是土办法。发展部分尖端武器和实行民兵制这种"土办法"相结合，正符合中国的实际情况，也是建设有中国特色的国防现代化的正确途径。

中国的国防建设特别是军队建设，在20世纪60年代中期以后的十年间走过了一段曲折的道路，"左"的政治运动对部队冲击严重，一些不良风气也在军队中滋长。不过在困难的环境中，解放军的广大官兵还能保持过去好的传统，坚守保卫国家的岗位，还取得过一些重要战绩。如1974年1月解放军进行西沙海战和登陆作战，一举收复了被南越当局侵占的西沙三岛，从而完全控制西沙群岛这一战略要地，为经略南海创造了重要的条件。

1999年授予22名"两弹"元勋们的功勋章，由550克纯金制成。

在国内出现政治动乱时，军队难免受到一些影响，不过许多干部还是自觉地抵制以江青为首的"四人帮"的干扰，努力保持军队的稳定。1975年1月，根据毛泽东的提议，邓小平担任了中共中央副主席兼中国人民解放军总参谋长，在毛泽东、周恩来均病重的情况下实际主持国内的党政军全面工作，这为拨乱反正、纠正"文革"错误创造了重要的条件。同年夏天，在全国范围开展

军旅画家骆根兴的这幅油画，表现了西北核基地奠基者的光辉形象。左起：发射基地老司令李富泽、聂荣臻元帅、钱学森、基地政委栗在山。

整顿的形势下，中央军委在邓小平、叶剑英的主持下召开了扩大会议，提出了纠正军队中"肿、散、骄、奢、惰"的问题。这一整顿虽然在翌年被迫停顿，还是为恢复军队的优良作风和后来的拨乱反正创造了重要前提。

从20世纪60年代末起，解放军在和平年代长期处于临战状态，这种情况引起邓小平等老一辈革命家的不安，毛泽东也感到有必要改变这一不正常状态。70年代中期，由于中美交往的大门已经打开，中国多面受威胁的不利环境有所改变。同时中国领导人也看到美苏的矛盾仍是国际上的主要矛盾，虽然还认为世界大战不可避免，却感到很快爆发大规模对华战争的危险已经减小，就采取了减少军队总员额和降低军费开支比例的措施，并又一次提出了平时少养兵、战时多出兵的指导思想。军队在1975年的整顿中，制定了将总员额由640万人减少至450万人的计划，虽然翌年因整顿中断而未完成计划，却也重新确立了走精兵之路的方向。

新中国成立后的二十多年间，中国国防事业的发展虽然经历过一番曲折，从总体上看仍是历史上极为辉煌的时期。解放军在继承以往传统的同时，在新形势下继续探索前进，在现代化建设进程中取得了举世瞩目的成就，始终成为保障国家建设事业和人民和平生活的钢铁长城。

表现解放军和群众一起守卫边防的宣传画。在政治出现动乱的年代里，解放军仍很好地履行了保卫祖国的使命。

第十章

改革换新颜，科技再强军

1976年10月，中共中央粉碎了以江青为首的"四人帮"之后，中国国防建设事业从此进入了一个新的发展时期。经过三年整顿恢复，1978年以后进入了改革开放的新时代，中国军队乃至整个国防事业也开始了全面改革。为保障以经济建设为中心，人民解放军虽然在上世纪80年代中期以后经历了一个相当长的"忍耐"期，但部队建设仍然有所作为。随着改革开放后国家的全面大发展，全军又紧紧追随世界变革的大潮，在信息化建设的道路上取得了新的发展，开创了一个新时代。

拨乱反正整顿军队，战略转变精简整编

1976年10月中共中央粉碎"四人帮"结束了"十年动乱"，国防事业包括军队建设结束了"左"的干扰开始走向正轨。不过此时遗留的问题很多，除了过去军队一些优良作风受到破坏外，派系内斗后遗症严重影响了团结，邓小平在上一年整顿时所概括的"肿、散、骄、奢、惰"的弊病依然存在。此前几年间军队数量仍保持着600万人以上，员额膨胀、机构臃肿，而正规化、现代化建设却滞后，武器装备同世界先进水平本来已缩小的差距又不断拉大。例如空军的主力战机至70年代末仍是苏联在50年代提供的米格–19的仿制型歼–6，陆军的主战坦克也是苏联50年代前期的T–54A坦克的仿制型59式，较之美苏的新型装备已落后了二十多年，海军武器装备同世界先进水平的差距更大。

此前"十年动乱"期间，军队中的许多规章制度被当成"修正主义"的"条条框框"被破除，导致军队训练管理严重滑坡，大量干部素质下降。如飞行员训练是"低空项目越飞越高，高空项目越飞越低"，事故率还较过去大为增加。由于军事院校大部分解散，保留的军医大学和航校等技术院

武警画家罗田喜油画《坎坷与辉煌》，表现了邓小平历经坎坷后又重新复出。

校也减少了课程，部队普遍废除了通过院校培训干部的制度而直接从士兵中提干，导致新一代基层指挥员既缺乏战争经验，又没有经过系统的现代军事知识教育，在边海防进行军事斗争时就暴露出许多缺陷。

粉碎了"四人帮"后，中共中央努力拨乱反正，把全党全军从长期"左"的桎梏中解放出来。在1978年12月召开的中共中央十一届三中全会之前的两年间，担任中共中央主席和中央军委主席的华国锋虽然做了有益的工作，却没有能够彻底从"左"的思想束缚中摆脱出来，改革创新还很不够，不过军队还是重新强调了现代化建设。1977年邓小平再次复出，担任了中共中央副主席、解放军总参谋长的职务，并参加中央军委的领导工作，从而将1975年开始后又在翌年受"四人帮"破坏而中断的军队整顿工作推进下去。

在整顿期间，军队的教育训练根据邓小平的提议被提高到战略地位。1977年9月，军委建立教育训练委员会，随后恢复了"文革"期间被取消和破坏的军事院校。除前一段整顿时所恢复的院校之外，1979年之前的两年间全军又新建院校33所，使院校达到117所，基本恢复到1966年"文革"开始前的状态，部队大批干部得以进入院校培训"补课"，恢复高考后的军事院校又开始直接从地方招生。当时中国社会上普遍欢呼迎来了"科学的春天"，军队也努力消除"四人帮"制造"文化荒漠"的恶果，尊重科学、尊重人才又成为风气。全军的编制体系、武器装备和国防科研生产体系得到调整，清除了"造反起家"的闹事分子，生产和科研的正常制度得到恢复,出厂的装备质量也得到改善,改变了此前武器使用时事故频发的状态。

核武器、导弹等尖端武器的科研,在粉碎"四人帮"后的整顿中恢复了过去的发展势头。经过几年准备,1980年5月中国从内陆向距离9000公里以外的南太平洋海域成功地发射了新型运载火箭,标志着中国洲际弹道导弹全程飞行试验成功,这是国防力量增强的一个重要标志。

1978年12月召开的中共中央第十一届三中全会,宣告了党和国家的工作中心转到经济建设上来,从此中国开始了改革开放,军队建设也进入一个新阶段。当时因国际形势和中国周边的安全环境仍存在紧张气氛,解放军在南疆进行了军事斗争,并在北方继续加强战备。不久,由于看到国家存在和平建设的有利形势,1980年3月中央军委召开常委扩大会议又集中讨论了精简整编。邓小平在会上强调说:"减少军队人员,把省下来的钱用于更新装备,这是我们的方针。"根据这一思想,全军进行了一轮大规模的精简整编,除了缩小一些部队的编制员额,又大大减少了机关、勤务保障人员和工程部队的比例,将内卫部队划分出来另组人民武装警察部队,并将基建工程兵、铁道兵转交地方。通过这些措施,至1982年全军员额由三年前的603万人压缩至423万人。同年中国的军费降至176亿人民币(按当时的汇率折合110亿美元),占国民收入的4.2%和国家财政支出的15%。通过这次精简整编,军队提升了技术水平,并开始组建合成的集团军。

随着国家对外开放,解放军大批领导干部打破了过去一直身在国内的状态,开始走出国门,面向世界,了解国际上先进的军事科学技术。1978年后的几年间,军队和国防科研部门每年都组织许多访问团前往西欧和美国,利用当时中国建

1980年中国军事代表团访问美国时参观航空母舰，中间行走者为国防部长耿飚。

1981年9月，邓小平在华北某地观看军事演习时，受阅部队总指挥、北京军区司令员秦基伟（左一）向邓小平介绍演习情况。

立反霸统一战线的关系，参观了欧美军队先进的科研机构和装备，开拓了眼界，也看到了差距。中国的军事科研和生产，也跳出了过去30年间一直仿苏式武器的框框，在军工方面有了"东西合璧，各取所长"，开创有中国特色的科研之路的新思路。

改革开放之初，中国的一些军事代表团看到西方的先进装备，也产生了大量购买，为部队换装的想法。不过对方要价太高，在技术转让方面又限制很严，中国若买到后还会出现技术保障和零配件供应受制于人的情况。按当时计算，全军如靠外购更换主战装备就需要几百亿美元，而1981年中国外汇储备只有27亿美元，还要首先保障民用。过去曾长期主管国防科研工作的聂荣臻便提出，像中国这样一个大国，不可能买来一个国防现代化。中国军队的领导人通过全面分析本国实际情况，认为提高装备的出路在于提高自研能力，对外可以购买少量本国紧缺而且尚不能自产的装备，却不指望通过外购来改变武器落后的状况。20世纪80年代中国频繁的对外军事交往中，并没有大量购买西方的武器装备，而是着重引进技术，立足于自己科研和生产水平的提升。后来随着国家提升自身科研水平的"863计划"的实施，国防科研也采取了寓军于民、军民结合的发展思路。

根据通过训练提高部队战斗力的指导思想，在中央军委的部署下，继20世纪50年代和1964年之后，1980年以后又出现了新中国成立后的第三次训练高潮，各部队还进行了针对现代战争条件的大规模演习。1981年秋，北京军区和空军在华北地区举行了代号"八〇二"的现代条件下的方面军防御战役实兵演习。参加演习的兵力约11万人，坦克、装甲车1300多辆，飞机285架，其他各种机动车辆1万多辆。举行这次新中国成立后规模最大的演习，标志着军队训练达到了一个新水平。邓小平以中央军委主席的身份参加了这次演习，并在演习结束后阅兵。

由于贯彻了以自力更生为主，并积极引进国外先进技术，国内一批新的武器在整顿后开始装备部队。1981年中国使用一枚运载火箭成功发射了三颗空间物理探测卫星，这一技术运用到军事领域便可使一枚导弹分导出多弹头。1982年，中国在太平洋公海水域由常规潜艇水下发射固体燃料潜射弹道导弹成功，为下一步以核潜艇在水下发射弹道导弹积累了经验。

1984年10月1日，在庆祝国庆35周年之际，天安门前恢复了停顿了25年的国庆阅兵，展示了解放军新的雄姿，军委主席邓小平乘车检阅了部队。在这次阅兵式上，中国自行研制的"东风"系列洲际导弹、中程导弹和69Ⅲ型主战坦克、自行

海军画家秦文清油画《水下发射运载火箭》，表现了20世纪80年代解放军以潜艇在水下发射弹道导弹的情景，这是中国战略武器的一大突破。

1984年国庆阅兵时中国的战略导弹方队通过天安门广场的照片，这是当时最具威慑力和震撼力的洲际打击武器。

榴弹炮、装甲输送车及歼-8歼击机都参加了检阅。这些武器装备的技术标准同世界先进水平相比还有一定差距，却显示了中国国防事业有了巨大进步，尤其是常规兵器的研制已经突破了此前多年间相对停滞的局面，而且有了质的飞跃。

此时中国的安全环境有了很大改善，美国和苏联这两个超级大国都对华示好，想争取中国站到自己一边。自1982年起，以邓小平为首的中共领导人已经改变了过去着重对苏防卫的"一条线"战略，在美苏之间不同任何一方结盟而坚持独立自主的和平发展政策，同时对世界大战爆发的可能性也有了新的思考。在20世纪60年代以后的很长时间里，中国

邵亚川油画《检阅》，描绘了1984年邓小平在天安门广场阅兵的场面，右边车上的是阅兵总指挥秦基伟。

领导人认为世界上爆发大战不可避免，军队和国防建设多年处于临战状态。对此邓小平曾指出："过去，我们的观点一直是战争是不可避免，而且是迫在眉睫的。"他还认为，这一判断耽误了我们20年的时间。从1984年至1985年5月，邓小平在一系列讲话中提出，较长时间内不发生大规模世界战争是有可能的，世界大战不是不可避免的。

中央军委根据这一判断，决定把军队建设的指导思想从立足于早打、大打、打核战争临战状态，转变到和平建设的轨道。这一转变的核心，就是强调国防建设要服从经济建设。邓小平还提出了"军民合用""军地两用"的概念，从而提出了一条军民兼容的国防发展新思路。

在总参谋部广泛征求意见和科学论证之后，邓小平在1985年的军委扩大会议上宣布了中国政府将解放军员额减少100万的决定。这次整编中改革了编制体制，解放军各总部、各军兵种、国防科工委和各大军区的领导机关都在原定额的基础上精简了近一半人员，一些单位降低了等级，全军原有的十一个大军区合并为七个大军区，同时减少了许多军级单位和师、团级建制。这次裁军基本改变了军队自60年代以来长期臃肿庞杂的局面，使改革后的军队编制体制更适应平时训练和现代局部战争的需要。

经过这次裁军，解放军的总员额降至300万人左右。1986年，军费开支在物价大幅度上涨的形势下只有201亿元（按当时的汇率折合为76亿美元），仅占国民生产总值（GDP）的2.4%和国家财政支出的9%，在当时世界各大国中处于最低水平。

当时的美国和苏联仍处于军备竞赛的冷战时期，如美国的军费开支将近2000亿美元，达到GDP的6%左右；苏联的防务费折合1500亿美元而高达GDP的10%左右。中国在这种形势下大幅降低军费开支的比例, 国家集中财力保障经济建设, 对国家改革开放初期经济建设的快速起步起到了极其重要的作用。

解放军在1985年至1986年的"百万大裁军", 还是着眼于国防现代化建设的长远需要, 在军队暂时"忍耐"的同时为未来的发展创造了前提。在裁撤一些传统兵种和大量步兵部队的同时, 解放军组建了一些新的技术部队和分队, 建立了陆军航空兵、电子对抗兵、气象兵、山地作战部队、核潜艇部队、空军地空导弹部队、海军陆战队等新的兵种和快速反应部队。由于经费有限, 这些新部队规模不大, 装备的武器也不多, 却展现了今后军队改革的重要方向。

为了进一步加强军队正规化建设, 解放军在20世纪80年代又一次实行了军衔制。1965年解放军取消了已实行了十年的军衔制, 首要原因是在"左"的思想指导下强调"反修"所致, 次要原因是因干部制度存在的僵化弊病造成了晋升军衔形成"一滩死水"。那时军内没有干部正常的晋升、转业和退休制度, 高层职位近乎"终身制", 下级自然难以晋升。如开国少将没有一人能提升为中将, 1955年授衔的第一批大校在十年间仅四分之一能提升为少将, 只有尉级军官和士兵才能随职务变化而晋升军衔。

解放军废除军衔制后又遇到政治动乱, 干部制度中打乱了正常等级, 陷于一片混乱。有的连级干部能"火箭式"地跃升到大军区副职, 众多老干部又没有正常的服役退役年限, "只进不出"的结果使领导机构极度臃肿, 导致后来各军区副司令员、副政委多达几十人。此时部队的级别不是军衔而是套用地方干部的行政级别, 众多干部提升职务时又按照"反修防修"的要求提职不提级, 这种表面低工资反而导致制度混乱和以职位谋私的特权思想滋长。批判

"左"的思想后，1980年3月12日邓小平又提出"要搞军衔制"，这是改革开放初期对军队建设的一大贡献。

中央军委确定恢复军衔后，又面临着全军精简整编和解决大批老干部离退休问题。原来预定在整编完成后的1985年授衔又拖后了几年，1988年解放军和武警再次实行军衔制，并伴之以正常的晋升和干部补充、退休制度。这样，解放军在军官制度上就能够与国际上的惯例接轨，同时也使部队的官兵有了正常的升迁和服役时限，部队于是充满了流水般的活力。

20世纪80年代的中国总体上处于和平时期，在边界部分地段和南海方向仍有一些军事斗争，解放军在这些斗争中很好地完成了任务，显示了威武之师的形象。尤其是1988年海军进驻南沙礁盘维护主权，具有非常重大的战略意义，为后来经略南海奠定了重要基础。

解放军换装87式军服时的形象，1988年重新实行了军衔制。

面对风浪保持稳定，反对腐败永葆本色

改革开放作为一项全新的事业，在"摸着石头过河"的探索中难免会出现一些始料未及的新问题、新矛盾。打开国门后，西方一些消极思潮对中国社会产生了不良影响，国内经济形态和人们观念的多元化也对军队的老传统形成了冲击，"向钱看"和追求享乐主义使一些官兵服役不安心。在国内外政治气候影响下，1989年国内出现了重大政治风波，人民解放军坚决听从中共中央、中央军委的指挥，对平息政治风波做出了贡献，从而保证了国内稳定和经济的高速发展。对比一下苏联和东欧一些国家同期发生的剧变，结果都出现了严重的经济下滑和多数民众生活水平下降，如苏联解体后

武警画家罗田喜油画《并非时空错位》，表现了新时期社会上多元化的生活对部队战士会产生一些影响和诱惑。

俄罗斯的国民产值经过十年才恢复到原有水平。假如那时中国不制止动乱，军队不坚持正确的政治立场，哪里还会有后来长时间持久的经济腾飞和人民生活的大幅改善呢？

1989年召开的中共中央十三届四中全会，确立了以江泽民同志为核心的党和国家的领导集体。江泽民自同年11月担任中央军委主席后，就一直关注两个历史性的重大问题：一是人民解放军能否跟上世界军事发展的趋势，打赢未来可能发生的高技术战争；二是人民解放军能否保持人民军队的性质、本色和作风，始终成为党绝对领导下的革命军队。2004年9月，江泽民在回顾担任中央军委主席十五年的工作时总结说："我这些年集中精力抓的问题，一言以蔽之，就是我军能否打得赢、不变质。"

江泽民接任中央军委主席之际，中国的国防事业和军队建设正面临着种种全新问题，尤其是国内外的政治气候造成了许多困难。1989年夏季以后，美国等西方国家对华不断施加政治压力，实行经济制裁和军品禁售，东欧国家和苏联又相继发生了政治巨变，一些人预言这种风潮很快会波及到中国。此刻中国的改革开放和社会主义市场经济的建立在发展过程中也遇到一些难题，许多军队官兵思想受到了冲击。面对复杂形势，江泽民特别强调，在国际国内环境发生大变动的时期，我们的思想政治建设只能加强而不能削弱，只能抓紧而不能放松。必须把思想政治建设摆在军队各项建设的首位，才使中国没有重蹈东欧某些国家和苏联解体时动乱的覆辙。

号召全军学习邓小平军事理论的宣传画。

为确保军队始终同党中央在政治上保持一致，以江泽民为核心的中央军委确定了一系列原则，采取了许多重大举措。军队工作始终坚持把政治建设摆在首位，抵制了社会上一度出现的"军队非党化""军队非政治化"等错误思潮的冲击。中央军委还严格落实党领导军队的各项制度，坚持军队中各级党委统一的集体领导下的首长分工负责制、政治委员和政治机关制度；坚持党支部建在连上的制度，绝不容许其他任何政党、任何组织插手军队工作。以江泽民同志为核心的党中央和中央军委还一直强调部队应加强毛泽东思想、邓小平理论的学习，首先保证全军在政治上合格。

1989年江泽民担任中央军委主席以后，很快看到军队开展生产经商这一问题的严重性，同年11月20日他就在中央军委扩大会议上说："军队从总体上来说应该'吃皇粮'。搞'自我发展''自我完善'是行不通的，我一直是不赞成的。"作为中央军委两位副主席之一的张震上将在1991年底召开的中央军委扩大会议上也提出："要充分认识搞生产经营对军队的危害"，建议军队应该"吃皇粮，开正门"。

20世纪80年代中期以后，因军费在部队"忍耐"期内大幅度减少（人民币数量拨款虽略有增长，却抵上不通货膨胀率），这在一定程度上制约了武器装备更新换代的进程，日常工作也受到经费不足的困扰。至80年代后期，解放军得到的军费按购买力计算已不足改革开放初的一半，官兵还要每年涨工资以维持生活水平不下降，这就形成了一个巨大的财政缺口。有的领导人就此允许军队以生产经营弥补开支不足，从而出现了部队兴办企业和经商的不正常现象，这也违反了新中国成立后中共中央就一再强调的军队虽应从事农副业生产，却绝不可办商业的原则。有的部队领导人提出了"自我保障、自我发展"的口号，使不少部队的主要精力转到"创收"方面。有的单位除了利用强力部门难以监督的权力搞一些违法活动外，又运用部队装备和正常经费去搞经营，这不仅造成了国防费转移，还严重地损害了人民军队的形象，滋生了一批贪污腐败分子。

看到新出现的这种不良风气，军队领导干部中的多数人都反对军队再搞生产经营，不过因考虑到一些上层机关、院校和后勤部门的利益，对此采取了分步骤停止的方法。1993年8月20日，江泽民主持军委常务会议决定，军以下作战部队一律不得从事经营性生产。1998年7月，中央军委又决定军队、武警和政法机关一律停止经商，此举的目的就是从制度上遏制军队中的腐败之风。从1999年起，全军各种经费完全由国家供应，只是为了改善干部战士的生活，各部队可继续开展内部的一些农副业生产，如全军80%以上的连队肉菜自给率超过了70%，这种实施自给自足的"菜篮子"工程既改善了生活，也增强了官兵的劳动意识。通过总结前一段部队搞生产

军旅画家陈坚油画《天边，很遥远》，表现了面对改革开放后的全新形势，部队训练生活的场面。

经营的教训，全军认清了养军需要依靠的是
国家财政，而不是军队本身的经济活动。

　　一种作风的形成和消除，并非一道命令可
完成。由于部队生产经商时形成的一些坏风气
已经存在，有些腐败分子继续在军中任职，并
遗留下一些"小尾巴"，如军队少量有偿性服务
项目，因而在中央禁止搞生产经营后仍留下一
些后遗症。例如在实行军商分离政策时，还有
一些单位以军事用地与地方机构及房地产商
合作，获利后再分成，这又成为停止生产经营
后滋生腐败的一个重要因素。这些问题，在习
近平同志成为中央领导核心后通过强调停止有
偿服务，才终于得到了解决。

1997年解放军驻香港部队所换的军装。

　　进入20世纪90年代以后，在中国处于建立社会主义市
场经济、社会发生重大变革的环境里，全军以抵制"灯红酒
绿"的腐败影响为突破口，狠抓了作风和纪律整顿，使全军
上下形成并保持着纪律严明、令行禁止的作风。1990年12
月，江泽民依据邓小平提出的把人民解放军建设成为一支
强大的现代化、正规化革命军队的总目标，高度概括地提出
了军队建设"五句话"的总要求，即"政治合格，军事过硬，
作风优良，纪律严明，保障有力"。这一总要求是对新时期军
队建设总目标的具体化，这方面的成效在进驻香港和澳门
的部队身上得到了很好的体现。

　　随着香港、澳门回归时间的临近，解放军于1993年初
开始组建驻香港部队。1997年7月1日零时，中国人民解放军
驻香港部队进驻香港。这是中国恢复对香港行使主权，结
束英国在香港殖民统治的重要标志。人民解放军于1997年
进驻香港、2000年进驻澳门后，由于部队始终严守纪律，

罗田喜油画《使命——欢送驻港部队》表现了深圳市民欢送部队离开口岸进入香港接受主权时的热烈场面。

军旅画家邵亚川油画《巡堤》，表现1998年抗洪时江泽民到第一线武警部队视察的情景。

在复杂环境下举止无可挑剔，向国内外特别是港澳同胞展示了威武之师、文明之师的形象。新时期的实践证明，人民解放军在社会转型中仍然经受住了军事斗争和各种急难险重任务的考验，保持了"不变质"的本色，出色完成了党和人民赋予的各项任务。

和平时期难有炮火硝烟的考验，但日常工作和不时出现的突发事件，仍然可以体现军队的作风，并能看出内在的政治素质。在新时期的祖国大地上，哪里有困难、哪里有危险，哪里就有人民子弟兵的身影。1998年夏季，长江流域出现了百年罕见的洪灾，全军几十万官兵紧急出动抢险救灾。不少官兵舍生忘死，救护群众成百万人，在抗洪斗争中担负起最危险最艰苦的任务，最后在广大人民鲜花和彩带的欢送中凯旋。在国家重点工程建设、生态环境治理、扶贫攻坚和"希望工程"建设中，全军部队都积极参加和支援，赢得了人民群众的高度赞誉。

进入20世纪90年代以后，中国的国防事业同时面临着机遇和挑战。新的军事变革在世界范围内兴起，使战争形态、作战样式出现了一些新的特征。1991年的海湾战争，显示出已经开始信息化战争时代，如何适应这一变化加强军队建设就成为中国军队面临的全新课题。如果能抓住机遇，中国的国防现代化建设就有可能从一个比较低的起点上实现跨越式发展。如果不能很好地应对这一挑战，中国的国防科技与世界先进水平的差距还会拉大，军队建设乃至整个国防建设将会陷入十分被动和困难的境地，整个中华民族在新世纪的腾飞也将得不到保障。

根据国内外形势的变化，1992年12月至1993年1月中央军委在江泽民的主持下召开扩大会议，确立了被称作"新时期积极防御的军事战略方针"。与过去的战略方针相比，它认为本国的周边安全环境处于新中国成立以来的一个比较好的时期，但霸权主义和强权政治是中国面临的主要威胁，并严重影响着统一大业的实现，此外中国同某些周边国家的领土争端问题还未解决。中国军队未来可能面对的战争，将是现代技术特别是高技术条件下的局部战争，因此新军事战略方针着眼于把军事斗争准备的立足点放在打赢一场可能发生的现代技术特别是高技术条件下的局部战争上，中心任务是坚定不移地维护国家的领土主权、海洋权益和社会秩序，保障国家经济建设和改革开放有一个安全稳定的内外环境。

1993年以后，全军根据新时期军事战略方针，突出打赢现代高技术条件下局部战争的战法研究和训练，重点进行高技术条件下陆海空三军联合作战、机动作战、海上封锁作战、岛礁攻防作战、登陆作战、空中进攻作战、要地防空作战、高寒山地作战、电子战和后方保护等战法训练。到1995年底取得了阶段性的训练成果，并形成了新一代训练大纲。1996年春，人民解放军

艾民有、张庆涛油画《检阅》，表现了江泽民和军委其他领导一起检阅海军的场面。

1996年12月11日，江泽民前往看望钱学森，听取他对国防事业发展的意见。

首次举行了现代高技术背景下的陆海空三军和第二炮兵部队的联合战役演习。训练的难度、深度都更加接近现代高技术条件下的实战要求。

面对世界性军事变革的重大机遇，以江泽民为核心的中央军委以宽广的世界眼光和深邃的历史眼光提出了一系列重大方针和指导原则。1995年12月，在江泽民主持的中央军委扩大会议上，正式确定了在军队建设发展模式上逐步实现由数量规模型向质量效能型、由人力密集型向科技密集型这"两个根本性转变"。其基本精神，是依靠科技进步，加强质量建设，把人民解放军建设成为一支思想先进、数量规模适度、体制编制科学、武器装备精良、人员素质很高、指挥高效灵活、后勤保障有力、能够打赢现代技术特别是高技术条件下局部战争的现代化正规化的革命军队。中央军委在提出实行"两个根本性转变"的同时，又提出要实施"科技强军"的战略，以科技强军为主要杠杆推动军队的现代化建设。

在新的世界形势下，实行科技强军的战略，正好抓住了中国国防建设面临的主要矛盾，使解放军能向一支较为精干、高效的现代化合成军发展，高技术兵种成为战斗的骨干力量，国防建设的其他领域也有了长足的发展。

紧盯世界军事变革，军队建设开创新篇

从20世纪90年代后期开始，人民解放军的建设进入了一个新的质变阶段，信息化是这场变革的核心。1997年，中央军委确立了国防和军队现代化建设跨世纪发展的"三步走"战略构想。迈入21世纪之后，中央军委又进一步明确，

实现国防和军队现代化的基本标志是信息化。鉴于中国军队还没有彻底完成机械化的任务，中央军委特别提出，必须按照建设信息化军队、打赢信息化战争的目标，走以信息化为主导、机械化为基础，机械化、信息化复合发展之路，实现军队现代化跨越式发展。

军旅画家李明峰的这幅油画，表现了向信息化迈进的中国军队实行全新训练方式的雄姿。

为贯彻质量建军的方针，1997年中央军委做出了再次大规模裁减军队员额的战略决策，提出裁减员额50万的任务，使解放军编制总人数控制在250万以内。2003年，中央军委又作出了再精简员额20万人的决定，并在2005年完成。

自20世纪90年代中期以后，随着中国综合国力的增强，国防费开支在国民生产总值和政府开支的比例扭转了持续十几年的下滑，逐步有了小幅增长。2004年中国国民生产总值达13.6万亿元，同年度国防费预算为2117亿元人民币，仍只占国民生产总值的1.7%，在政府财政开支中所占的比例为7.1%，却已折合250亿美元而排序到世界前几位。

有了日益增强的财力保障，为贯彻科技强军的发展战略，中央军委和总部先后制定了"九五"(1996—2000年)、"十五"(2001—2005年)的武器装备发展规划，以确保解放军在较短的时间内、在更高水平上实现武器装备的跨越式发展。根据国家"863"计划的安排，国防科研战线有近万名专家投身这一计划，同其他部门的专家一同先后完成了航天、激光等高科技领域的1500多项重大科研项目，在100多项重大关键技术上获得突破。在航空、航天、船舶、兵器、军用电子、工程物理等高技术领域，中国取得了一大批具有世界先进水平的成果，使尖端军事技术领域有独到的和相当的威慑力。国防科技大学"银河"系列巨型计算机的研制成功，是高科技领域取得的代表性成果之一。在战略导弹部队的基础上建立起的中国航天业，也在军民通用的基础上取得了举世瞩目的成就。

中国军队的武器装备，在坚持自主科研为主的前提下，也本着对外开放的态度，自20世纪90年代后从俄罗斯、乌克兰购买了一批苏联时期研制的武器装备之外，还注重掌握相应的技术。如苏霍伊公司出产的苏-27、苏-30这些第三代战斗机及其生产技术的引进，"基洛"级潜艇、"现代"级驱逐舰的采购，使解放军在缺乏新型装备的情况下有了一些"拳头"武器，并为本国研制新型装备提供了借鉴。进入21世纪后，随着国产武器性能水平的日益提升和在某些领域内已超

1999年10月1日，国庆50周年阅兵，远程地地核导弹方队通过天安门广场。（新华社记者王建民摄）

越俄制产品,中国采购俄罗斯武器的数量大为减少,双方转为主要以军事技术合作为主。

1999年国庆50周年阅兵,成为展示中国武器装备进步的一个窗口。当时国内新研制的多种战术导弹、几种新型坦克和装甲车、多种新式步兵武器都通过天安门广场接受检阅,尤其是展示了可以公路机动发射的远程导弹,这大大提升了战略核反击力量的生存能力。进入21世纪后,中国武器以物美价廉的声誉还在国际上不断扩大了出口。如果说20世纪80年代中国陆海空军的主战装备还落后于国际先进水平一代至两代,在90年代末和迈入21世纪后国产的一些新型装备就已经消除了与发达国家的代差。

通过把握时代特征,紧跟世界新潮,从90年代末至跨入21世纪之初,国防科研战线上也捷报频传——"银河"系列巨型计算机研制成功,"北斗"定位卫星等各种不同类型的卫星遨游太空,"长征"系列运载火箭一次次地发射升空,"神舟"飞船工程顺利进行。2003年10月,中国首位航天人杨利伟搭乘"神舟5号"飞船飞上太空,这使中国成为继苏联、美国之后世界上第三个实现载人航天的国家。

自90年代后期和进入21世纪后,反"台独"军事斗争准备也成为人民解放军的重要使命。台湾问题是中国内战遗留下来的问题,全国解放时国民党当局逃台,

军旅画家王吉松油画《出征》,形象描绘了2003年10月15日胡锦涛欢送中国首位航天员杨利伟乘"神舟5号"飞船升空时的情景。

武警画家罗田喜油画《登陆》，表现了解放军为反"台独"斗争实行登陆训练的场面。

在美国支持下形成了同大陆军事对峙的分裂状态。自20世纪50年代后，中共中央、中央政府从中华民族的根本利益出发，考虑到历史和现实的状况，逐步提出了"和平解放台湾"以及"一个国家、两种制度"等合情合理的方案，却一直被台湾当局拒绝，中央政府和人民解放军就不能放弃军事解决的选择了。

　　冷战的结束和苏联解体改变了整个国际战略格局，台湾当局以李登辉主政为开端采取了一系列实际的分裂步骤，企图变相地与美、日建立某种形式的军事同盟，在思想文化领域又公然打出"去中国化"的旗号。为了显示中国政府和人民捍卫国家主权和领土完整的坚定决心和能力，解放军于1995年7月和8月间在东海海域和海域上空进行了导弹和火炮实弹演习，随后进行了海空联合作战和海上封锁演习。1996年3月台湾地区举行首届"民选总统"时，为震慑"台独"势力，中国人民解放军又举行了新一轮有针对性的军事演习，其中包括登陆编队在空军、陆军航空兵和海军舰炮、导弹火力的支援下实施抢滩登陆。这些演习产生了重大和深远的影响，使台湾同胞进一步认识到"台独"的严重危害，部分"台独"势力被迫放弃了某些极端的分裂主张。国际社会就此进一步注意到坚持一个中国政策的必要性，美国政府也不得不公开承诺不支持"台湾独立"。

2000年春季以后，台湾地区新当选领导人陈水扁上台，更进一步走向分裂祖国的道路。2001年，台湾当局又与美国签订了购买大宗军事装备的军购合同，并公开试图借助外国的军事力量对抗大陆的统一要求。在这种形势下，在2001年夏季至秋季，解放军又在福建和广东之间的沿海东山岛进行了又一轮长达数月的军事演习，重点是抢滩登陆。随后演习的重点转到攻击海上目标，展现了解放军强大的攻击与近海防御能力。此后，随着台湾岛内政治形势的变化，解放军又进行了一系列反"台独"军事斗争准备，并将其作为新时期军队建设的一项重大任务。这种斗争准备不仅警告了台湾岛内的分裂势力而使其不敢公开打出"独立"的旗号，也推动了解放军作战能力的提升。在祖国的统一没有实现之前，解放军的这种准备始终不能放松。

自2002年中共十六大之后，胡锦涛同志担任了中共中央总书记。自2004年中共中央第十六届四中全会之后，胡锦涛又担任了中央军委主席。面对着国家和军队发展的新局面，胡锦涛提出的国防和军队建设思想，要求开创现代化建设新局面，强调要统筹经济建设和国防建设，在全面建设小康社会进程中实现富国和强军的统一。胡锦涛强调指出，全面履行党和人民赋予的新世纪、新阶段军队历史使命，必须坚持以毛泽东军事思想、邓小平新时期军队建设思想、江泽民国防和军队建设思想为指导，把科学发展观作为国防和军队建设的重要指导方针。

2007年武警部队更换了07式军服，这是军装的图像。

2007年10月，胡锦涛在中共十七大报告中谈到开创国防和军队现代化建设新局面时又强调说，军队革命化、现代化、正规化建设是统一的整体，必须全面加强、协调推进。要始终坚持党对军队绝对领导的根本原则和人民军队的根本宗旨，深入进行军队历史使命、理想信念、战斗精神和社会主义荣辱观教育，大力弘扬听党指挥、服务人民、英勇善战的优良传统。坚持科技强军，按照建设信息化军队、打赢信息化战争的战略目标，加快机械化和信息化的复合发展，积极开展信息化条件下的军事训练，加紧培养大批高素质新型军事人才，切实转变战斗力生成模式。

胡锦涛担任中共中央军委主席八年时间，于2012年11月主动提出卸任。在他卸任的中央军委扩大会议上，接任中央军委主席的习近平强调说，党的十八届一中全会高度评价了胡锦涛主席为党和国家建立的卓越功勋。胡主席在以江泽民同志为核心的第三代中央领导集体中发挥了重要作用。党的十六大以来，胡主席紧紧依靠中央领导集体，带领全党全军全国各族人民，牢牢把握我国发展的重要战略机遇期，战胜一系列严峻挑战，奋力把中国特色社会主义事业推进到一个新的发展阶段，为国家繁荣富强、为中华民族伟大复兴作出了杰出贡献，赢得了全党全军全国各族人民的衷心爱戴。

2009年国庆60周年天安门前阅兵时，胡锦涛向受阅部队挥手致意。

　　改革开放后中国进入了一个新的历史发展阶段，在和平与发展为主旋律的国际形势下，人民解放军转入了和平时期建设的新阶段，取得了辉煌的成就。面对着全新的事业，全党全军进行了新的探索。当然在变革中也难免会出现一些预见不到的问题，尤其是市场经济和多元化社会的环境对军队内部也产生了一些消极影响。不过军队建设的成就还一直是主流，人民解放军在坚持中国共产党的领导、坚持革命化建设的同时，又抓住了世界军事变革的新机遇，在经过了"忍耐"期后又获得跨越式发展，在国防现代化的道路上取得了举世瞩目的历史进步。

第十一章

面向信息化，再写军改篇

进入新世纪新阶段的中国人民解放军，担负着新的历史使命，这也决定了军队建设和发展有着新的奋斗目标和努力方向。在过去相当长的历史时期里，建设一支现代化、正规化的革命军队一直是全军努力的目标。建设信息化军队、打赢信息化战争成为新的战略目标，建设一支与我国地位相称、与我国发展利益相适应的军事力量将是目前和今后的努力方向。尤其是2012年召开的中共十八大之后，以习近平同志为核心的党中央向全军提出了建设一支"听党指挥、能打胜仗、作风优良"的人民军队的强军目标，并通过反腐，整治了不正之风，军队面貌为之一变，传承了红色基因，书写了国防建设和军事改革的新篇章。

适应信息化要求，全军装备大发展

建设现代化军队乃至整个现代化国防事业的基础，是国家经济实力和科技水平的发展进步。当年用"大刀向鬼子们的头上砍去"和"小米加步枪"那种作战形式，是旧中国落后的农业经济条件下的产物。新中国成立后，国家全面开展了工业化建设，自主的国防工业也相伴建成。不过由于底子薄、人口负担重，再加上在探索的道路上走过些弯路，中国刚开始改革开放时的国家财力和国防费用投入还远落后于美国、苏联这些强国。如1980年中国的国内生产总值（GDP）为4513亿人民币（约折合2900亿美元），同年中国的国防费用为193亿元，只相当于美国1/11，同苏联相比也有6至8倍的差距。当时中国的国防建设仍只能突出"两弹"等重点项目，数量庞大的常规部队的装备普遍落后，采取的积极防御的战略目标也主要立足于以内陆防御的人民战争对抗强敌入侵。

改革开放后的三十多年间，中国经济有了持续高速发展，尤其是在20世纪90年代中期至21世纪的前十余年间的GDP取得年均10%左右的增长速度，国家科技水平也有了大幅跃升。中国的GDP在世界上的位次，由20世纪80年代初的第8位上升至2010年以后的世界第2位。2015年中国的GDP已经达到67万亿人民币，折合10.8万亿美元。中国的国防费，自2009年以后也仅次于美国。在2015年中国在世界上军费投入的位次已稳居第二位。

2016年中国国防费达到9500亿人民币，折合1500亿美元，2017年中国的国防费又增长7%。中国坚持以和平发展为中心，尽管2016年的GDP总量按汇率占世界总量的13%以上，相当美国的60%，中国军费还只相当美国的1/4。不过有了现在的国防费投入，解放军各项建设和官兵生活改善都有了可观的经济基础，这也是我国在近现代历史上从未有过的建设国防的大好条件。

中国的和平崛起，离不开有力的军事实力支撑；内部和谐社会的建立，同样离不开发挥军队在维护稳定方面的重大作用。世界形势的变化，又要求人民解放军的任务由维护

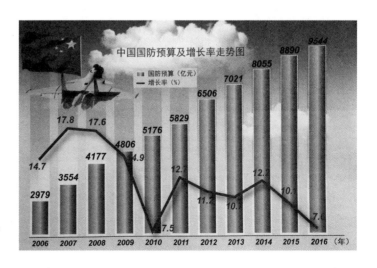

2006年至2016年中国国防费用增长示意图。

传统的领土、领海、领空安全，延伸到维护海洋、太空、电磁空间等领域的安全；由应对传统安全威胁，延伸到应对非传统安全威胁；由维护国家生存利益，延伸到维护国家发展利益；由维护国家改革发展稳定大局，延伸到在维护世界和平中发挥积极作用。过去传统的国防线主要在陆地边疆，如今辽阔海疆和浩瀚长空已成为保卫祖国的重要领域。当前在肉眼无法看到的电磁战线，也在展开保卫国家安全的激烈搏斗，解放军队伍中身穿白大褂、手持鼠标的电脑操作员也成为抗击敌对势力渗透破坏的先锋战士。

开放的中国走向世界，国民经济在全球化的大趋势下也融入世界，军队建设自然也必须改变传统的"大陆军"和内陆防御观念，注意维持海权和建设空天力量，解放军的作战也要从以平面为主扩展到陆、海、空、天、电的多维空间。2006年底中国政府发表的《中国的国防》白皮书向世界宣告：解放军的陆军逐步推进由区域防卫型向全域机动型转变；海军逐步增大近海防御的战略纵深；空军加快由国土防空型向攻防兼备型转变；第二炮兵逐步完善核常兼备的力量体系……此外，近些年中国还派出一批批维和部队，参与到维护世界和平的事业中，由工程部队、医疗单位发展到维和警察和作战部队。中国海军还连续多年进入印度洋，为各国商船护航，这些都在世界上彰显了中国是负责任的大国的地位，也使人民解放军得到了在海外执行任务的新锻炼。

时代的进步和我国的发展，已经使海洋安全、太空安全、电磁空间安全成为国家安全的重要领域。国家利益的疆域从过去有形的物理空间，延伸到无形的电磁空间。在当今世界，电磁空间安全直接关系到国家战略安全。目前我国信息产业已经成为国民经济的支柱和先导产业，电磁空间不仅

军旅画家张利油画《和平使者》，表现了解放军参加国际维和的场面。

面对世界新形势，军队强调实行陆、海、空、天、电联合作战的宣传画。

是我国经济社会发展的神经，在军事上也继陆、海、空、天战场之后成为"第五维战场"。在未来战争中，若没有制电磁权，也就没有制空权、制海权和制天权，等于没有作战的主动权。未来的军事斗争不仅会有火力的硬摧毁，更会注重电子信息领域的"软杀伤"。这一未来战争的信息网络的胜负较量，已经从今天的训练场开始角逐。为了使人民解放军适应高技术条件下信息作战的需要，全军在深入开展科技练兵时强调"推进机械化条件下军事训练向信息化条件下军事训练转变"。

太空在军事、经济、科技、社会各个领域的巨大价值，也日益引起各国的关注。少数大国出于称霸的野心，大力争夺太空军事优势并实行航天器武器化的发展，日益严重地威胁着太空的安全。我国为保卫这一关乎国家利益的新领域，也在关注太空这一全球军事制高点。继2003年我国的"神舟5号"飞船首次载人升天成功后，这一系列的载人飞船又连续升空，在航天领域显示了仅次于美俄而居世界第三位的技术实力。中国进行的反卫星试验的成功，又以高超的技术水平引来世界各大国瞩目，同时标志着太空能力又有了一个质的提升。

随着国家经济的高速发展和科技水平的提升，"台独"势力引发的台海紧张形势，以及1999年5月出现的美国轰炸中国驻南联盟大使馆这一严重事件，国人普遍激发起增强国防的积极性。国防投入尤其是发展武器装备的经费投入，自20世纪90年代末起得到了大幅增加，彻底结束了长期的"忍耐"。据2009年庆祝国庆60周年时公布的数字,从1999年至2009年这10年投入的国防科技费和装备费,就超过此前50年的总和。进入21世纪后,中国的国防研制费和装备费又有了新的增长,再加上科研水平的提升,武器装备的研制发展之快也为过去所未有。

天安门前的阅兵作为一个展示窗口,向国内外充分展示出中国武器装备的发展进步。如1984年国庆35周年的阅兵中亮相的装备大都已落后于世界先进水平一代以上,1999年国庆50周年的阅兵时亮相的新装备与国际先进水平的差距已经缩小。2009年国庆60周年阅兵时亮相的装备大都同世界军事强国处于同一档次。

2015年9月3日,天安门广场举行了纪念中国人民抗日战争暨世界反法西斯战争胜利70周年大阅兵,解放军所展示的装备又有了新的进步,其中有的已具备世界领先水平。这次"九三阅兵"有1.2万名官兵受阅,56名将军充当领队,有500多辆战车、40多种型号的装备500多件和20多种型号飞机近200架通过广场,接受了以习近平同志为核心的党和国

2015年9月3日解放军核常兼备导弹方队接受检阅的照片。

家领导人的检阅。

这次受阅装备中，有84%为首次亮相的新装备。其中预警雷达、无人机和指挥信息系统这三个方队，首次向外界揭开了解放军信息化作战指挥中枢武器装备的神秘面纱。第二炮兵部队6个装备方队中的各型导弹亮相，涵盖了不同梯次战略打击武器。这次胜利日阅兵，向全国和全世界集中展示了中国国防和军队现代化建设的伟大成就。

自2012年中共十八大之后，军队建设出现了新局面，装备研制出现的新成果被国际上许多人形容为"井喷现象"，一大批国产新型武器装备连续曝光，如99A主战坦克，歼-20和歼-31战斗机、"辽宁号"航空母舰和歼-15舰载机、新型导弹驱逐舰、武直10和武直19，还有各型畅销于世界的察打一体无人机以及多种型号的预警机。国产的运-20大型运输机和新型的中型和洲际导弹等军事技术上的丰硕成果，在世界上都引起极大关注。2016年11月，中国的歼-20隐形战斗机在珠海航展上亮相并宣布服役，这标志着中国继美国之后成为世界上第二个能定型制造第四代战斗机的国家。

大连造船厂利用苏联"瓦良格号"的舰壳制造出的航空母舰"辽宁号"。

人民解放军的武器装备的巨大进步，表现了新中国的国防工业战线在经历了漫长的仿制和追随他国技术装备的道路后，已全面进入"提高自主创新能力"阶段。新中国成立之初和20世纪90年代，解放军都引进过大量苏联或俄罗斯的技术装备，解决了军队急需，也为本国仿制发挥了重要作用。不过历史证明，任何一个保持自主自立的国家都不可能把本国研制的最先进的武器提供给他人，像中国这样一个大国，若想靠对外购买来实现世界先进水平的国防现代化更是不可能的。中国军队要争取在武器装备方面赶上世界最先进水平，最根本的出路还在于自主创新。国内的国防科研和生产部门正是在引进、消化国外装备和技术的同时，大力倡导自主创新，并最终达到了超越的阶段。

　　武器是战争的重要因素，人的因素却永远是构成战斗力的第一要素。武器装备的确在一定程度上代表着战斗力的高低，不过武器装备背后是操作的手，是指挥操作的头脑，是头脑中闪耀的智慧之光。解放军根据迈入信息化时代的要求，在强军兴军新征程中既装备了新的武器，也大力提高了自身操作武器的科技水平。在新的历史阶段，解放军的练兵场也发生着深刻变化，训练的科技含量不断提升。军营中官兵蓬勃开展小发明、小革新、小创造活动，熟悉新装备的新型人才大量涌现，全军指战员科技素质的提高昭示着全面实现信息化的奋斗目标在一步步实现。如今的中国正以崭新的姿态迎来一个前所未有的大转折时代，中国人民解放军也以开放精进的大气象快步走在实现跨越式发展的征程上。

　　随着中国综合国力的增强和人民解放军远海行动能力的提升，2012年以后，在南海的一系列维权行动取得了过去难以达到的成果。2013年以后南沙岛礁开展的建设令国际瞩目，这些属于中国行使主权的行为，从根本上改变了这一重要海域的力量布局和形势，使解放军有了维护国家海权的重要基地，具有极其重要和长远的战略意义。

全军高压反腐，强调政治建军

2012年中共十八大以后，习近平担任了中共中央总书记和中央军委主席。同年12月7日至11日，习近平出任中央军委主席后首次离京视察广东，他在会见广州军区干部时提出"能打仗、打胜仗是强军之要"。他针对国防和部队建设的现状迅速采取了一系列行动，直指过去影响军队战斗力的一些关键问题，纠正影响士气的不正风气，打击军中腐败和克服备战松懈现象。

习近平担任中央军委主席后，很快就主持颁布了军委"十项规定"，禁止搞形式主义和摆排场的作风，禁止建造奢华的楼堂馆所，严格财务检查和查处公款消费等积弊。2013年6月，习近平在北京召开的群众路线教育实践活动工作会议上又提出了整顿党内"四风"，即形式主义、官僚主义、享乐主义和奢靡之风的要求。实行高压反腐的同时，习近平还大刀阔斧整肃军风军纪，多次强调依法从严治军。从禁酒反奢到军车换新牌弃豪车，从厉行节约严控经费的规定出台到全军内部清查房地产，这些措施都有力地整治了军队中的官僚主义、奢靡浪费等不正之风。"十项规定"和"反四风"全面开展之后，全军都反映公款消费的"虚火"退了，"车轮上的腐败"少了，迎来送往的"陋规"破了；危不施训、险不练兵的惯性思维转了，"训为看、演为看"的花架子不见了。长期存在的弊端终于在这些大刀阔斧的措施下得到了解决。

为亲自了解基层情况并抓好部队的作风整顿，习近平对军队的视察遍及各大军区机关及其下属基层连队，涵盖海、

新时期强调反腐倡廉的宣传画。

陆、空、武警、军事院校和预备役部队。视察活动中,基层单位是最常去看的。在军队视察行程中,习近平主要注重同两大主体沟通,即士兵和高中级干部。士兵是战斗力的基础,高中级干部是治军带兵的骨干,了解这两类军人的情况就能更好地把握全局。

为贯彻党的群众路线,纠正军队中过去存在的官僚主义和某些机关和领导干部脱离基层士兵的现象,经中央军委主席习近平同志批准,解放军总政治部在2013年下发《规定》,要求全军和武警部队组织团以上领导和机关干部下连当兵、蹲连住班,尤其是没有基层任职经历的干部和连职以下机关干部一般安排当兵。旅团级单位的机关干部每3年、军师级单位的每4年、总部和军区级单位的每5年,一般应安排当兵或蹲连1次。这一做法,既是继承毛泽东在1958年提出的高级军官下连队当兵的好传统,也具有新时期的特色。2013年5月,习近平在成都军区视察调研时还表示,当兵就要真当,蹲连就要真蹲,深入一线接地气,俯下身子察实情,切实当出感情来、蹲出好作风。

为清理整治积弊,净化部队生态,以强力"打虎""拍蝇"形成震慑,中共中央和中央军委公开处理了此前担任过军委副主席的郭伯雄、徐才厚的案件,并在军队中肃清其流毒。这些行动表明,任何人不论权力大小、职务高低,只要触犯党纪国法,都要严肃查处,绝不姑息、绝不手软。一些军中"老虎"陆续落马,使"刑不上大夫"的传言不攻自破,也表现出以习近平同志为核心的党中央坚定的反腐决心。

为从制度上制止贪腐现象,习近平签署命令规定,解放军审计署由总后勤部划归中央军委建制。跨过总后勤部而由军委直接审计军队的经费开销,这意味着对军费的审计变成对全军各项工作的审计,使管的面更宽、责任更大。此举

解放军军事法庭开庭审判违法犯罪分子的照片。

同时也意味着军队审计工作有了独立性，同国家审计署一样，更加独立地行使监督职能，改变了过去一些单位领导"自己审核自己"的弊端。

2014年10月，解放军的全军政治工作会议在福建省上杭县古田镇召开，被称为"新古田会议"，习近平参加了会议并发表了重要讲话，并在这个革命圣地同基层官兵一起吃了"红军饭"。这些红米饭、南瓜汤，所代表的就是红色基因、红军本色，吃"红军饭"正体现了"学传统、爱传统、讲传统"的作风。选在古田这样一个奠定人民军队思想政治工作原则、确定党对军队绝对领导的地方召开政治工作会议，具有里程碑式意义，具体来讲就是回归传统，破解"五非"（即"非毛化""非红化""非党化""非战化"和"非政治化"），目的是重振士气，锻造军魂。

罗田喜的这幅油画表现了新古田会议的情景，习近平在当年古田会议的原址同军队代表们交谈。

福建上杭古田镇新建的招待所"古田楼"，新古田会议的与会代表就住在这里。

这次"新古田会议"鲜明地确立了军队政治工作的时代主题——紧紧围绕实现中华民族伟大复兴的中国梦，为实现党在新形势下的强军目标提供坚强政治保证。在此次会议上，习近平针对徐才厚案讲到，必须正视军队建设特别是思想政治建设方面存在的突出问题，特别要高度重视和严肃看待徐才厚案件，深刻反思教训，彻底肃清影响。对军队腐败产生的根源，习近平指出是"对领导干部管理失之于宽、失之于软"。因此，在古田的全军政治工作会议上，习近平强调，军队要像军队的样子，很重要的是要体现在高中级干部身上。

这次"新古田会议"的召开，又一次确立了思想建党、政治建军的原则，确立了党对军队工作的绝对领导。在此前的一个阶段，党的思想政治工作和党的优良传统曾一度有所淡化，通过将全军政治工作会议选择在古田召开，通过重温党的历史、回归党的传统，使人感到老传统的回归，人民子弟兵传统的回归。

通过这次"新古田会议"，全军又重振了士气。对此前军队中存在的一些不正之风如贪污腐化、用人不公、弄虚作假等现象，广大指战员早已是深恶痛绝，"新古田会议"开得顺军心、得军心，特别是以军纪军法惩处徐才厚这样的腐败的高级军官深得军心。这次会议结束后不久，2015年4月中共中央依照党的纪律条例又严肃查处了郭伯雄严重违纪涉嫌违法犯罪问题。本着"树德务滋，除恶务本"的精神，全军又从思想上、政治上、组织上、作风上彻底肃清了郭伯雄、徐才厚案件的影响，彻底查清并严肃处理他们的小圈子和违规使用的人，彻底清理和纠正了他们私下运作勾兑的那些程序和规定，从而把军队干部队伍搞纯洁，把政治空气搞纯净。这些措施的实施，进一步证明人民解放军仍是威武之师、文明之师、正义之师，是党和人民完全可以信赖的力量，让军人找回了荣誉感和尊严。

以习近平同志为核心的中共中央大力推进党风军风建设，纠治部队在作风上存在的沉疴流弊、顽症痼疾，在十八大之后的几年间使反腐之风取得了显著成效。虽说郭伯雄、徐才厚等军中贪腐的"大老虎"给军队建设带来了负面影响，但中共中央、中央军委通过严肃查处郭伯雄、徐才厚案件，向全党全军彰显了维护军队形象的坚定意志，在军中也普遍树立了正气。

通过总结郭伯雄、徐才厚等腐败分子在军队中滋生的教训，全军深刻认识到腐化堕落往往是从搞特殊化开始的。特殊化就像致命的离心剂，对党组织的公信力会造成极大损害，对广大官兵信仰、信念会造成颠覆性冲击。因此，强军目标的实现必须落实为深化作风建设，要从严治军、依法治军和惩治腐败，绝不允许有脱离纪律和法律监督的特殊人物。"新古田会议"之后，全军上下迅速行动起来，开展强军目标学习教育和"新一代革命军人的样子"的大讨论，这很好地凝聚了军心意志、引领了军队的建设发展。

习近平提出的强军方略中，第一项就是"政治建军"，并强调"政治建军是我军的立军之本"。新形势下的政治建军，就是要加强和改进政治工作，为部队凝神铸魂，最关键的一点就是毫不动摇地坚持党对军队的绝对领导，这又是"强军之魂"。政治建军一直是中国共产党领导人民军队建设的传统，也是人民解放军的红色基因的体现。2015年1月21日，习近平在视察驻昆明部队时就特别强调要把红色资源利用好、把红色传统发扬好、把红色基因传承好，教育官兵学传统、爱传统、讲传统，始终保持老红军本色。

通过贯彻从严治军，并落实"新古田会议"的精神，军营中出现了风清气正、优良传统回归的新气象，从领导机关到基层部队，都在积极推进政治工作的思维理念、运行模式、指导方式、方法手段创新，增强政治工作的主动性和实效性，政治建军的方略就此也在军队建设各领域落地生根、开花结果。

军事改革促创新，"中国梦"亦"强军梦"

冷战结束后，世界形势有了很大变化，新军事革命在全球范围内出现。其主要特征包括：武器装备智能化，各类精确制导武器逐步成为战场主角；编制体制精干化，提高质量、减少数量；指挥控制自动化，作战领域逐步由传统的陆、海、空三维空间向陆、海、空、天、电（磁）五维空间扩展；作战样式体系化，信息化战争意味着真正的体系对体系的"联合作战"。过去同国内外强敌作战时都取得过胜利的人民解放军，在新的国际战略形势下只有迎接世界新军事革命的挑战，并抓住信息化建设的历史机遇，才能再创辉煌。

表现中国军队网络信息战的图像。

表现军事变革的宣传画。

2014年8月29日下午，习近平主持了十八届中共中央政治局第十七次集体学习，主题是"世界军事发展新趋势和推进我军军事创新"。习近平在这次学习中指出，这场军事领域的发展变化，以信息化为核心，以军事战略、军事技术、作战思想、作战力量、组织体制和军事管理创新为基本内容，以重塑军事体系为主要目标，正在推动新军事革命的深入发展。他强调世界新军事革命对我们既是机遇，也是挑战。习近平还提到，我军的发展史就是一部创新史，我们党靠不断创新，逐步形成了一整套建军治军的原则和制度，创造了人民战争的战略战术，形成了我军的特有优势，我们比以往任何时候都更加需要继承和发扬军事创新这个优良传统。

随着时代变化和军事科技日新月异，在中央军委的统一部署下，近年来军事训练向信息化条件下转变。目前在祖国东西南北的一座座训练基地中不仅硝烟四起，同时充斥着电磁远波，新型战鹰和舰艇编队以及装甲机械化部队都在探索着复杂电磁环境下的"体系对抗"。经过这种全新的军事训练，昔日在地面战场摸爬滚打的英雄部队被打造成一支支信息化劲旅。为提高能打仗、打胜仗的能力，部队的训练方式从战区、军兵种训练发展到多军种联合作战训练、中外联演联训，并不断推动实战化训练向深度、广度发展。陆军通过跨区基地化实兵对抗演习，锤炼了各级指挥员组织指挥能力和部队基于信息系统体系作战能力，部队机动作战、立体攻防能力得到进一步提升。海军三大舰队不断演兵西太平洋，以海上常态化实战化训练锤打一线作战部队。空军组

织航空兵赴西太平洋开展远海
训练，有效提升了空军部队远
海机动作战能力。此外，全军还
一再组织联合实兵演习，覆盖
陆、海、空、二炮（现改称火箭
军）各军兵种及部分战略战役
支援力量，在陆、海、空、天全
维展开。

军旅女画家王睿油画《和平方舟》，表现了中国海军医疗船到非洲沿海为当地民众服务的场面。

中国军队的演习，在新形
势下也注重实行国际合作。多
年间，中国同俄罗斯举行了一系列联合军事演习，同巴基斯
坦、哈萨克斯坦、印度也举行了多次联合演练，在交流中看到
对方的长处并查找自身短板弱项，从中提升了自身的本领。

根据中国走向世界的新时代要求，中国人民解放军也日
益走向海外，远离本土展开行动的能力正在提升和不断展
现。与同期其他大国海外派兵所进行的任务不同，解放军是
怀着和平使命而不是战争目的而去。除了担负越来越多的国
外维护和平的任务外，中国海军还在几年时间里派出许多
批护航编队担负印度洋上的护航活动，另外还主导了多国海
上军演，并以医疗系统为骨干多次组织医疗队援助非洲抗
击疾病。如解放军海军刚服役的万吨级专业医院船"和平方
舟号"刚服役，在2010年首次赴非洲为当地居民提供医疗
服务，后又远航美洲，在2013年夏天又赴孟加拉国和缅甸进
行治疗，同年11月又赴菲律宾灾区救治了大量生病的灾民。
2014年该船远航南太平洋多国执行"和谐使命"，到多个岛
国执行医疗救治任务。在国内战争时期，共产党领导的军队
素来以爱民著称，每到一地都是"缸满院净"。如今这支军
队到达亚洲、非洲和拉丁美洲的发展中国家，也是热情地帮

助当地人民,带去机械和技术来修路、给水和治病救人。这些活动,不仅彰显了中国的大国地位,履行了人道主义的国际义务,也在海外留下了中国人民解放军的美好形象。

时代的变化和世界新军事革命的大潮,也催唤着中国军队的变革。根据以科技建军为中心的方针,解放军在削减数量的同时不断增强质量,如军队员额在1999年降到250万人的情况下,2005年又降到230万人。2015年9月3日,习近平在天安门阅兵时的讲话中宣布要再裁减军队员额30万。这一次精简部队,绝不是单纯地减少部队的人员,而是强调"优化军队规模结构"和"改革部队编成,推动部队向充实、合成、多能、灵活方向发展"。

从世界范围来看,目前军队的装备和信息化水平得到大幅提升,军事科技特别是电子、信息技术的发展已使指挥自动化水平大幅提升,"运筹帷幄之中,决胜千里之外"不再是形容词而是成为事实。中国统帅部已经能够便捷地实施远程遥控指挥,这就应该设立"扁平化"的编制,以往那些

左:表现解放军"建设信息化军队"的宣传画。

右:这幅画表现的是信息化战场已经成为天空的主宰,谁能拥有天空,谁就能控制这个世界。

机构庞大、层次众多的指挥机构可
以大大精简。2015年11月下旬，中央
军委召开改革工作会议，中国军队
开始进行了前所未有的军改，主要
表现为领导体系改革，贯彻了"军委
管总、战区主战、军种主建"的总原
则，这是符合世界军事变革潮流的
应有之举。

　　这一次军队改革，不是简单的
"瘦身"，而是一次"脱胎换骨"的
结构改革。改革的全面启动不仅牵
涉到众多利益，而且需要解决观念
问题。新一轮改革要解决"头重、脚
轻、尾巴长"的长期痼疾，即领导机
构过大、基层人员不充实、服务保障

在军旅画家邢俊勤这幅带有寓意的油画中，代表历史传统
的长城与现代化的军队和武器出现在一个空间，体现了保
卫国家的使命传承和创新的呼唤。

机构太多的弊病。设立几十年的大军区被撤销，新设立了5
个战区司令部，而且新的领导体制突出扁平化、精干化、高
效化、一体化，以优化组合。从2015年至2016年，军委机关
由4个总部改为1个厅、6个部、3个委员会、5个直属机构共15
个职能部门；战区的成立使7大军区调整为5大战区；中央军
委联勤保障部队成立，使后勤工作进入一个新阶段。

　　在新一轮军改中，全军组合形成了五大军种，除原有的
海军、空军外，新建陆军司令部并与之平行，改变过去不单
独设陆军而实际存在的"大陆军"观念；二炮改称火箭军；
新建适应信息作战的战略支援部队。成立陆军领导机构、
火箭军、战略支援部队，是党中央和中央军委着眼实现中国
梦、强军梦作出的重大决策，是构建中国特色现代军事力量
体系的战略举措。这一前所未有的改革彻底改变了中国军队

的传统结构，必将成为人民解放军现代化建设的一个重要里程碑，从而载入人民军队的史册。

2016年2月1日，习近平同志在解放军战区成立大会上向各战区授予军旗并发布训令。同年3月13日，习近平同志在出席十二届全国人大第四次会议解放军团全体会议时又发表讲话指出："建立东部战区、南部战区、西部战区、北部战区、中部战区，组建战区联合作战指挥机构，是党中央和中央军委着眼实现中国梦、强军梦作出的战略决策，是全面实施改革强军战略的标志性举措，是构建我军联合作战体系的历史性进展，对确保我军能打仗、打胜仗，有效维护国家安全，具有重大而深远的意义。"

在这次中国人民解放军建设史上的重大变革中，全军在领导管理体制、联合作战指挥体制改革上取得了突破性进展，在优化规模结构、完善政策制度、推动军民融合发展等方面改革上取得了重要成果。改革的目标，就是努力构建能够打赢信息化战争、有效履行使命任务的中国特色现代军事力量体系，完善有中国特色社会主义的军事制度。这次改革创新，将推动国防和军队建设实现新跨越，也是决定人民解

军旅画家王吉松油画《踏雪边防》，表现了习近平到部队视察，鼓励战士们履行好职责的情景。

放军前途命运的一个关键。

中共十八大之后，习近平就提出："实现中华民族伟大复兴，是中华民族近代以来最伟大的梦想。这个梦想是强国梦，对军队来说，也是强军梦。"为实现这一目标，人民解放军坚持强军为本，坚持创新为要，为强国和强军而努力奋斗。

2017年7月30日，为纪念中国人民解放军建军90周年，中共中央总书记、中央军委主席习近平在内蒙古朱日和训练基地检阅了部队，并做了重要讲话，向全军提出了新的要求，强调："我们要深入贯彻党的强军思想，坚定不移走中国特色强军之路，努力实现党在新形势下的强军目标，把我们这支英雄的人民军队建设成为世界一流军队。"

2017年10月，中国共产党在北京召开了第十九次全国代表大会，习近平在会上的报告总结了十八大以来五年间的军事工作和历史性变革，其中心点就是"强军兴军开创新局面"。这五年间的成就主要是"人民军队政治生态得到有效治理。国防和军队改革取得历史性突破，形成军委管总、战区主战、军种主建新格局，人民军队组织架构和力量体系实现革命性重塑。加强练兵备战，有效遂行海上维权、反恐维稳、抢险救灾、国际维和、亚丁湾护航、人道主义救援等重大任务，武器装备加快发展，军事斗争准备取得重大进展。人民军队在中国特色强军之路上迈出坚定步伐。"

在十九大报告中，习近平还向全党全军提出了今后新的要求，强调"坚持党对人民军队的绝对领导。建设一支听党指挥、能打胜仗、作风优良的人民军队，是实现'两个一百年'奋斗目标、实现中华民族伟大复兴的战略支撑。必须全面贯彻党领导人民军队的一系列根本原则和制度，确立新时代党的强军思想在国防和军队建设中的指导地位，坚持